LIDANDO COM STAKEHOLDERS

LIDANDO COM STAKEHOLDERS

boas práticas em Análise de Negócios e Engenharia de Requisitos

Erivan de Sena Ramos

Copyright © 2019 por Erivan de Sena Ramos

Todos os direitos reservados e protegidos pela Lei 9.610 de 19/02/1998. É proibida a reprodução desta obra, mesmo parcial, por qualquer processo, sem prévia autorização, por escrito do autor.

Publicação: Kindle Direct Publishing (KDP) by Amazon.com, Inc.
Projeto Gráfico e Diagramação: Erivan de Sena Ramos
Sub-Diagramação: Ned Lidbury
Ilustrações (capa e elementos pré-textuais): Simple Line by Shutterstock®

Técnica e muita atenção foram empregadas na produção deste livro. No entanto, erros de digitação, impressão ou dúvida conceitual podem ocorrer. Em qualquer das hipóteses, solicitamos enviar mensagem para lidandocomstakeholders@gmail.com, para que nossa equipe, em conjunto com o autor, possa esclarecer. O autor não assume nenhuma responsabilidade por eventuais dados ou perdas a pessoas, ou bens, originados desta publicação.

R165l   de Sena Ramos, Erivan
         Lidando com *Stakeholders*: boas práticas em Análise de Negócios e Engenharia de Requisitos / Erivan de Sena Ramos - 1. ed. – São Paulo: edição do autor, 2019. p.170.

         ISBN-13: 9781689690904

         1. Administração de projetos. 2. Análise de Negócios. 3. Engenharia de Requisitos. I. Título. II. Autor.

         CDD: 658.404
         CDU: 65.012.3

Sumário

AGRADECIMENTOS 1
CAPÍTULO 1 APRESENTAÇÃO 3
   1.1   INTRODUÇÃO 5
   1.2   OBJETIVOS 6
   1.3   ESTRUTURA 8
   1.4   QUESTÕES TAXIONÔMICAS 9
      1.4.1 Stakeholders *9*
      1.4.2 Iniciativa *10*
      1.4.3 Análise de Negócios *10*
      1.4.4 Engenharia de Requisitos *11*
   1.5   SOBRE O AUTOR 11
CAPÍTULO 2 *STAKEHOLDERS* NA ANÁLISE DE NEGÓCIOS E ENGENHARIA DE REQUISITOS 13
   2.1 ANÁLISE DE NEGÓCIOS VERSUS ENGENHARIA DE REQUISITOS 15
   2.2 COMO LIDAR COM *STAKEHOLDERS* NA ANÁLISE DE NEGÓCIOS E ENGENHARIA DE SOFTWARE 17
      2.2.1 Quem são os Stakeholders? *18*
      2.2.2 O que é engajamento de stakeholders? *21*
CAPÍTULO 3 PLANEJAMENTO 23
   3.1 A IMPORTÂNCIA DE ESTABELECER UM PLANO 25
      3.1.1 Quando e como planejar? *25*
      3.1.2 O papel do analista de negócios e engenheiro de requisitos no planejamento 28
   3.2 PLANO DE ENGAJAMENTO DE *STAKEHOLDERS* 28
      3.2.1 Abordagem da Análise de stakeholders *30*
      3.2.2 Abordagem da comunicação com stakeholders *32*
      3.2.2 Abordagem de colaboração dos stakeholders *34*
      3.2.3 Outros itens que podem estar contidos em um plano de engajamento ... *35*
      3.2.4 Mantendo o plano de engajamento de stakeholders atualizado *36*
CAPÍTULO 4 ENGAJAMENTO 37
   4.1 EXECUTANDO O PLANO DE ENGAJAMENTO DE *STAKEHOLDERS* 39
      4.1.2 Métodos de engajamento *40*
   4.2. REALIZAR O PROCESSO DA ANÁLISE DE *STAKEHOLDERS* 42
      4.2.1 Identificação dos stakeholders *42*
      4.2.2 Registro dos stakeholders *49*
      4.2.3 Análise dos stakeholders *50*
   4.3 REALIZAR A COMUNICAÇÃO COM OS *STAKEHOLDERS* 58
      4.3.1 Estabelecendo uma comunicação de qualidade com stakeholders *58*
   4.4 REALIZAR A COLABORAÇÃO DE *STAKEHOLDERS* 59
      4.4.1 Colaboração versus gestão *60*
      4.4.2 Fatores que compõe a colaboração de stakeholders *61*
      4.4.2 Construindo relacionamentos colaborativos *62*
   4.5 MONITORAR O ENGAJAMENTO DOS *STAKEHOLDERS* 64
      4.5.1 Registrar ocorrências de engajamento *64*

  4.5.2 Medir e avaliar engajamento 65
  4.5.3 Revisar plano de engajamento 67
 4.6 ENFRENTANDO STAKEHOLDERS DIFÍCEIS DE LIDAR 67
  4.6.2 Estratégias de enfrentamento 68

CAPÍTULO 5 HABILIDADES COMPORTAMENTAIS 69

 5.1 QUAIS AS HABILIDADES NECESSÁRIAS PARA LIDAR COM STAKEHOLDERS? 71
 5.2 HABILIDADES COMPORTAMENTAIS ESSENCIAIS 73
  5.2.1 Habilidades de Comunicação 74
  5.2.2 Habilidades de Organização 77
  5.2.3 Pensamento criativo 80
  5.2.4 Liderança 81
  5.2.5 Inteligência Emocional 83
  5.2.6 Narrativa 84
  5.2.7 Análise e solução de problemas 86
  5.2.8 Habilidades Interpessoais 87
  5.2.9 Habilidades para trabalhar de forma independente 88
  5.2.10 Habilidades para trabalhar em equipe 89

CAPÍTULO 6 TÉCNICAS 91

 TÉCNICA 01 – ANÁLISE DA CAUSA RAIZ 93
 TÉCNICA 02 – ANÁLISE DE DOCUMENTOS 95
 TÉCNICA 03 – ANÁLISE DOS EVENTOS DE NEGÓCIO 97
 TÉCNICA 04 – ANÁLISE DE SUPOSIÇÕES 98
 TÉCNICA 05 – ANÁLISE PESTLE 99
 TÉCNICA 06 – ANÁLISE SWOT 101
 TÉCNICA 07 – AVALIAÇÃO DE QUALIDADE DOS DADOS DE RISCO 103
 TÉCNICA 08 – BALANCED BUSINESS SCORECARD 105
 TÉCNICA 09 – BRAINSTORMING 107
 TÉCNICA 10 – CRITÉRIOS DE ACEITAÇÃO (FUNCIONALIDADE) 109
 TÉCNICA 11 – DELPHI 111
 TÉCNICA 12 – ENTREVISTAS 113
 TÉCNICA 13 – ESCUTA ATIVA 115
 TÉCNICA 14 – ESTRUTURA ORGANIZACIONAL 117
 TÉCNICA 15 – GESTÃO DA REALIZAÇÃO DOS BENEFÍCIOS 119
 TÉCNICA 16 – LISTA DE STAKEHOLDERS 121
 TÉCNICA 17 – MAPA DA JORNADA DOS STAKEHOLDERS 123
 TÉCNICA 18 – MATRIZ DE PODER E INTERESSE 126
 TÉCNICA 19 – MAPA MENTAL 128
 TÉCNICA 20 – MAPA DE EMPATIA 130
 TÉCNICA 21 – MATRIZ DE AVALIAÇÃO DO NÍVEL DE ENGAJAMENTO 132
 TÉCNICA 22 – MATRIZ DE PROBABILIDADE E IMPACTO 133
 TÉCNICA 23 – MATRIZ RACI 134
 TÉCNICA 24 – MODELO DE PROCESSO DE NEGÓCIOS 136
 TÉCNICA 25 – PLANO DA ANÁLISE DE NEGÓCIOS 137
 TÉCNICA 26 – PLANO DE CRITÉRIOS DA ACEITAÇÃO 139
 TÉCNICA 27 – PERSONAS 141
 TÉCNICA 28 – PESQUISAS 143
 TÉCNICA 29 – QUESTIONÁRIOS 145
 TÉCNICA 30 – WORKSHOPS 149

REFERÊNCIAS BIBLIOGRÁFICAS 151

ÍNDICE REMISSIVO 159

Índice de Figuras

FIGURA 1 – OS QUATRO PILARES PARA LIDAR COM *STAKEHOLDERS* 8
FIGURA 2 – PROCESSSOS DA ENGENHARIA DE REQUISITOS...16
FIGURA 3 – ETAPAS DO PLANEJAMENTO...25
FIGURA 4 – ATIVIDADES E ITERAÇÕES NO ENGAJAMENTO DE *STAKEHOLDERS* 28
FIGURA 5 – PROCESSO DA ANÁLISE DE *STAKEHOLDERS* 32
FIGURA 6 – PRINCIPAIS ATIVIDADES NA IDENTIFICAÇÃO DOS *STAKEHOLDERS*............43
FIGURA 7 – GESTÃO DE *STAKEHOLDERS* VERSUS COLABORAÇÃO DE *STAKEHOLDERS*.......60
FIGURA 8 – MÉTODO PARA CONSTRUIR RELACIONAMENTOS COLABORATIVOS 63
FIGURA 9 – ATIVIDADES MONITORAÇÃO DO ENGAJAMENTO DOS *STAKEHOLDERS*.........64
FIGURA 10 – DIMENSÕES DAS HABILIDADES COMPORTAMENTAIS 72
FIGURA 11 – PRINCIPAIS HABILIDADES COMPORTAMENTAIS 74
FIGURA 12 – FLUXO DE COMUNICAÇÃO CLÁSSICO..74
FIGURA 13 – TIPOS DE HABILIDADES DE ORGANIZAÇÃO 78
FIGURA 14 – NÍVEIS DA LIDERANÇA 81
FIGURA 15 – ETAPAS DA ANÁLISE DA CAUSA RAIZ 93
FIGURA 16 – EXEMPLO DE ANÁLISE DA CAUSA RAIZ 94
FIGURA 17 – ETAPAS PARA APLICAR A ANÁLISE DE DOCUMENTOS 95
FIGURA 18 – ATIVIDADES NA ANÁLISE DOS EVENTOS DE NEGÓCIO.................................97
FIGURA 19 – ETAPAS DA ANÁLISE DE SUPOSIÇÕES 98
FIGURA 20 – PROCESSO DA ANÁLISE PESTLE 100
FIGURA 21 – MATRIZ DA ANÁLISE SWOT..101
FIGURA 22 – ETAPAS DA AVALIAÇÃO DE QUALIDADE DOS DADOS DE RISCO 103
FIGURA 23 – FLUXO DO BBS 105
FIGURA 24 – ETAPAS DO *BRAINSTORM* 107
FIGURA 25 – CARACTERÍSTICAS DOS CRITÉRIOS DE ACEITAÇÃO 109
FIGURA 26 – ETAPAS DA TÉCNICA DELPHI 111
FIGURA 27 – ETAPAS EM ENTREVISTAS 113
FIGURA 28 – ETAPAS DA ESCUTA ATIVA 115
FIGURA 29 – REPRESENTAÇÃO GRÁFICA DA ESTRUTURA ORGANIZACIONAL 117
FIGURA 30 – ETAPAS NA GESTÃO DA REALIZAÇÃO DE BENEFÍCIOS 119
FIGURA 31 – CATEGORIAS DE DADOS EM UMA LISTA DE *STAKEHOLDERS* 121
FIGURA 32 – ETAPAS DO MAPEAMENTO DA JORNADA DOS *STAKEHOLDERS* 123
FIGURA 33 – MODELO DE MAPA DE JORNADA DOS *STAKEHOLDERS* 124
FIGURA 34 – ETAPAS DA MATRIZ DE PODER E INTERESSE 126
FIGURA 35 – MATRIZ DE PODER E INTERESSE 127
FIGURA 36 – EXEMPLO DE MAPA MENTAL 128
FIGURA 37 – MODELO DO MAPA DE EMPATIA 130
FIGURA 38 – ETAPAS DO MAPA DE EMPATIA 131
FIGURA 39 – EXEMPLO DA MATRIZ DE AVALIAÇÃO DO NÍVEL DO ENGAJAMENTO DO *STAKEHOLDER*...132
FIGURA 40 – MODELO DE MATRIZ DE PROBABILIDADE E IMPACTO 133
FIGURA 41 – EXEMPLO DE MATRIX RACI 134
FIGURA 42 – ITENS DE UM PLANO DE ANALISE DE NEGÓCIOS 137
FIGURA 43 – ETAPAS DO PLANO DE CRITÉRIOS DE ACEITAÇÃO 139

FIGURA 44 – EXEMPLO DE PERSONA 142
FIGURA 45 – ETAPAS DA PESQUISA 143
FIGURA 46 – ETAPAS DO QUESTIONÁRIO 145
FIGURA 47 – PONTOS FORTES E FRACOS DOS QUESTIONÁRIOS 148
FIGURA 48 – ETAPAS DE *WORKSHOP*..149

Índice de Tabelas

TABELA 1 – PUBLICAÇÕES QUE ESTABELECEM PADRÕES PARA ANÁLISE DE NEGÓCIO, ENGENHARIA DE REQUISITOS E ENGAJAMENTO DE *STAKEHOLDERS* 19
TABELA 2 – ITENS DO PLANO DE ENGAJAMENTO DE *STAKEHOLDERS*................................30
TABELA 3 – MÉTODOS DE ENGAJAMENTO 41
TABELA 4 – CATEGORIZAÇÃO DOS TIPOS DE *STAKEHOLDERS* EM POTENCIAL 44

Agradecimento a todos os amigos, colegas de profissão e demais leitores engajados que apoiam, citam e compartilham os meus trabalhos, encorajando-me a manter o entusiasmo para continuar pesquisando e escrevendo estudos científicos, livros, bem como, artigos em plataformas online de publicação como LinkedIn e Medium.

Agradecimento especial a Ned Lidbury, pelo incrível suporte durante todo o processo de elaboração desta obra.

CAPÍTULO 1
Apresentação

Resumo
Este capítulo tem como objetivo apresentar esta publicação, utilizando-se de uma breve introdução sobre a relevância da relação entre os analistas de negócios e engenheiros de requisitos com *stakeholders* em uma iniciativa, bem como, é discutida a proposta deste livro e a estrutura do mesmo. Seguido de um esclarecimento sobre questões taxonômicas, onde se introduz e definem os principais termos de uso mais comum neste trabalho. O capítulo termina com uma nota bibliográfica sobre o autor.

1.1 Introdução

Desde a pequena microempresa à gigante organização multinacional, do pequeno projeto de mudança de logotipo a programas de expansão de vendas ao redor do mundo, independente da iniciativa, os *stakeholders* estarão sempre presentes, e você pode ser o profissional que agora precisa saber como lidar com os mesmos. Não tem como fugir. Quando se atua numa iniciativa, você estará sempre rodeado dos mais diversos grupos de *stakeholders*, os quais poderão estar presentes em todas as etapas do seu trabalho.

Com o ciclo de vida de uma iniciativa rodeada de *stakeholders*, é preciso saber lidar com os mesmos cotidianamente. E claro que não poderia ser diferente para aqueles profissionais que atuam, na prática da facilitação da mudança no contexto organizacional, através da identificação de necessidades, análise de requisitos e recomendação de soluções para entregar valor. Imersos na complexidade de um ambiente repleto de outros fatores como processos e tecnologias, os profissionais responsáveis por essa tarefa árdua em uma iniciativa são os analistas de negócios e engenheiros de requisitos.

Apesar desta constante presença de *stakeholders* em várias outras etapas, é na Análise de Negócios e Engenharia de Requisitos que estes adquirem uma importância exponencial. É onde as necessidades são entendidas e os requisitos são estabelecidos para que a mudança desejada seja realizada adequadamente. Qualquer ato falho no relacionamento e compartilhamento de informações entre analistas de negócios / engenheiros de requisitos com os *stakeholders* pode representar aumento de conflitos, perda da qualidade, aumento no custo, e claro a insatisfação pelo resultado das entregas nas fases posteriores (PACHECO; GARCIA, 2012).

Tenho trabalhado ao longo da minha vida nos mais diversos tipos e categorias de empresas, atuando nos mais diferentes cargos profissionais e tendo que conviver com os mais variados tipos de *stakeholders*. Na última década mais especificamente atuando na Gestão de Projetos, Análise de Negócios e Engenharia de *Software*. O que aprendi ao longo destes anos de trabalho é que lidar com os *stakeholders* é a parte mais difícil, mas também, a mais importante. Aprendi também, que independentemente da função que você atue, e com quem (ou o quê) você precisa lidar, quando você internaliza conhecimentos e estabelece métodos para lidar com *stakeholders*, o seu dia-a-dia neste inter-relacionamento pode ser tonar mais eficiente e eficaz para ambas as partes.

Outro fator que influencia a complexidade e nos impulsiona aprofundar o estudo na temática *stakeholders* é a mudança constante de valores na sociedade. Em geral, as organizações enfrentam enorme pressão pública para encontrar o equilíbrio entre os interesses finais de seus acionistas e as responsabilidades sociais mais amplas. Isso se deve porque, como vários estudam apontam, os valores públicos estão mudando e consequentemente, essas mudanças influenciam o que os *stakeholders* querem e esperam das corporações (SVENDSEN, 1998). E podemos considerar que as práticas de Análise de Negócios e Engenharia de Requisitos são em grande parte as responsáveis pelo balanceamento entre os valores dos *stakeholders* e das organizações em prol de um objetivo.

A elaboração desde livro se justificou pela minha necessidade, bem como, de colegas de profissão que tenho mantido contato nos últimos anos, de ter um material organizado para entender e ajudar nas reais necessidades do inter-relacionamento com *stakeholders* em iniciativas, aplicado especificamente nas práticas de Análise de Negócios e Engenharia de Requisitos.

Este livro, apresenta boas práticas e funciona como um guia que provê orientações de como analistas de negócios e engenheiros de requisitos podem lidar com *stakeholders* em uma iniciativa. A elaboração foi baseada em conhecimentos oriundos de diversos guias e estudos publicados nas últimas décadas ao redor do mundo que abordam e discutem o assunto (Brasil, Estados Unidos, Austrália, Canadá, França, Reino Unido, Alemanha, Índia, Emirados Árabes e mais), bem como, na minha experiência como pesquisador e profissional que atua a mais de dez anos nas referidas áreas como consultor de tecnologia da informação em empresas públicas e privadas no Brasil e na Austrália.

1.2 Objetivos

Como analistas de negócios e engenheiros de requisitos devem lidar com *stakeholders*? Este livro pretende ser a resposta para esta pergunta, funcionando como um guia simples, apresentando boas práticas, conceitos básicos e resumos de conceitos apresentados por diversos pesquisadores ao longo dos anos. A intenção é apresentar como analistas de negócios e engenheiros de requisitos podem lidar com *stakeholders* de um modo que seja permitido obter um melhor resultado nas relações interpessoais estabelecidas durante o ciclo de vida de uma iniciativa.

Stakeholders são essenciais para a realização de uma iniciativa, e claro que isso inclui principalmente as atividades de Análise de Negócio e Engenharia de Requisitos, pois, são estas áreas de conhecimento responsáveis por entender as necessidades dos indivíduos envolvidos na definição do produto ou serviço, ou qual seja o objetivo da iniciativa, bem como, tratam diretamente com os profissionais responsáveis pelo desenvolvimento, além de negociarem com os possíveis opositores ao resultado almejado pela organização.

Saber como lidar com *stakeholders* deve ser um procedimento habitual para os analistas de negócios/engenheiro de requisitos, pois, é algo fundamental para o trabalho cotidiano dos mesmos, porém, ainda são poucos os livros focados nesta temática. O que geralmente encontramos atualmente na literatura são livros e pesquisas que teorizam os *stakeholders* nos negócios e em projetos. Quando focamos na Análise de Negócios e Engenharia de Requisitos, geralmente o tema *stakeholders* está presente na literatura, principalmente como parte integrante dos guias que orientam certificação nestas práticas. Porém, para se aprofundar no assunto é preciso recorrer a diversas pesquisas e estudos de casos para adequar a teoria com as atividades cotidianas do mercado de trabalho. Tornando o estudo (da relação entre *stakeholders* e Análise de Negócios/Engenharia de Requisitos) cansativo e extenso.

Sendo assim, este livro trata sobre o tema *stakeholders*, sendo voltado especialmente para profissionais que atuam como analistas de requisitos/engenheiros de requisitos, e se propõe a:

- Evidenciar a importância do engajamento *stakeholders* na Análise de Negócios e Engenharia de Requisitos.
- Estabelecer fatores para melhorar a forma como os analistas de negócio/engenheiro de requisitos tratam e se relacionam com *stakeholders*;
- Apresentar métodos de planejamento, técnicas, e habilidades necessárias para ajudar as práticas de Análise de Negócios e Engenharia de Requisitos obterem melhores resultados junto ao engajamento de *stakeholders*, e consequentemente o sucesso da iniciativa conforme as metas estratégicas das organizações.

É apresentado neste livro, de forma concisa, pontos a serem considerados pelos analistas de requisitos e engenheiros de *software* quando os mesmos lidarem com *stakeholders* em uma iniciativa. É uma visão formulada a partir da minha experiência profissional, e da minha visão acadêmica com base em estudos realizados, pesquisas publicadas, livros e guias que tratam desta temática. Por isso para quem se interessar a se aprofundar ainda mais nos assuntos abordados, a lista bibliográfica desta obra também funciona como um guia de leitura complementar à mesma.

1.3 Estrutura

Este livro está estruturado em uma teoria estabelecida por mim, baseada nas atuais melhores práticas existentes no mercado e pesquisas na área, e a qual foi desenvolvida e têm sido aplicada ao longo da minha carreira, onde conceituo que o ato de lidar com *stakeholders* na Análise de Negócios e Engenharia de Requisitos deve está fundamentado em quatro pilares, como apresentado na figura 1.

Figura 1 – Os quatro pilares para lidar com *stakeholders*

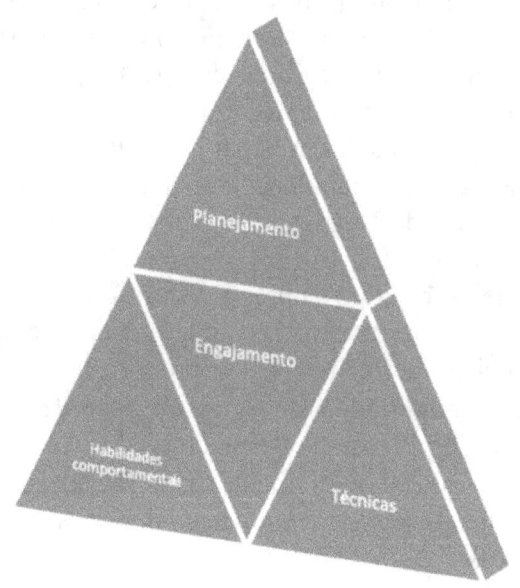

Fonte: Elaborado pelo autor 1

- Planejamento - o desenvolvimento e manutenção de um plano para estabelecer um processo para pensar antecipadamente sobre as atividades necessárias para um desejável relacionamento com os *stakeholders*. Este relacionamento é desenhado com o objetivo de engajar *os stakeholders* de maneira positiva na iniciativa.
- Engajamento - estabelecimento de um engajamento que propicie a melhor colaboração possível por parte dos *stakeholders*, baseado em uma correta análise de *stakeholders*, estipulação de canais de comunicação e responsabilidades dentro da iniciava.
- Habilidades comportamentais - desenvolvimento das capacidades exigidas pelo mercado para se relacionar bem com *stakeholders* e gerar resultados positivos dessas conexões.

- Técnicas - o conhecimento e a aplicação de técnicas e métodos apropriadas para desenvolver o planejamento e o engajamento dos *stakeholders* na iniciativa.

Os capítulos seguintes irão detalhar estes quatro pilares, os quais se correlacionam a todo momento durante o ciclo de vida de uma iniciativa e dependem primordialmente da ação contínua dos analistas de negócios e dos engenheiros de requisitos para que seja aplicável, efetivo e eficaz.

1.4 Questões Taxionômicas

Antes de você iniciar a ler este livro é importante que você entenda alguns dos principais termos de uso mais comum neste livro. Durante sua leitura você perceberá que alguns destes termos estarão presentes exaustivamente durante sua leitura, isso se deve porque optei em não variar na descrição de alguns elementos chaves, optando por expressões taxionômicas mais abrangentes e que possam ser de fácil entendimento pelo leitor.

Para definir as áreas Análise de Negócios e Engenharia de Requisitos, é tomada como base as definições apresentadas por entidades internacionais que advogam e fornecem conceituadas certificações para analista de negócios e engenheiros de software.

1.4.1 *Stakeholders*

Neste livro, é utilizado o termo *stakeholder* ao invés de partes interessadas, designação comumente utilizada nas publicações do gênero. O termo em inglês *stakeholders* que é traduzido para português como partes interessadas, embora seja uma interessante, ainda é uma forma simplificada de definir o significa este termo em Análise de Negócios, digo isso porque nem sempre o *stakeholder* é uma parte que está interessada no desenvolvimento da solução ou na mudança, e por vezes este termo pode representar as partes que querem ou podem influir para que o projeto não aconteça intencionalmente ou não (seriam estas as partes não interessadas?), ou até nem sabem da existência e o quanto sua interferência pode ser essencial para a iniciativa.

Em geral, as definições do termo *stakeholder* registradas pelas mais diversas fontes durante as últimas décadas por vezes é confusa. É possível encontrar evidências de 593 diferentes interpretações oriundas de 885 definições (WASIELESKI; WEBER, 2017).

Embora eu respeite a tradução adotada para este termo pelas grandes instituições em suas publicações, eu optei por utilizar o termo original, pois é o que realmente eu vejo sendo utilizado corriqueiramente no dia-a-dia das organizações, e o qual será bastante repetido ao longo deste livro.

Um maior aprofundamento no conceito deste termo é apresentado no próximo capítulo (Veja 2.2.1 Quem são os *Stakeholders*?).

1.4.2 Iniciativa

Nesta publicação é utilizado o termo iniciativa para denominar um empreendimento colaborativo planejado para atingir um objetivo específico, que pode ser no nível estratégico, tático ou operacional, onde a Análise de Negócios e/ou Engenharia de Requisitos sejam aplicáveis.

O trabalho executado em uma iniciativa pode está dentro dos limites de um projeto, programa ou portfólio, e pode representar um cometimento que resultam em mudanças e inovações em um ambiente organizacional, manutenção dos processos de melhoria contínua, desenvolvimento de análises dos requisitos de negócios e que devem seguir a visão estratégica adotada pela organização que está aplicando a iniciativa.

1.4.3 Análise de Negócios

O termo Análise de Negócios é utilizado para denominar a prática de pesquisa utilizada para identificação de necessidades de negócios e determinação de soluções para problemas de negócios.

O Instituto Internacional de Análise de Negócios (*IIBA – International Institute of Business Analysis*), associação profissional com o objetivo de apoiar e promover a disciplina de Análise de Negócios, define esta como a prática de possibilitar mudanças em um contexto organizacional, definindo necessidades e recomendando soluções que agreguem valor aos *stakeholders* (IIBA, 2015).

Na Análise de Negócios, a solução que é foco de uma iniciativa pode incluir sistemas de informação ou não, como por exemplo, a identificação de oportunidades de negócio, adoção de metodologias para atender conformidades legais e definições de nível operacional e/ou estratégico da organização.

Nesta prática, o foco está em garantir que as mudanças e soluções propostas atendam as necessidades dos *stakeholders* e agregue valor estratégico relativo ao negócio da organização.

1.4.4 Engenharia de Requisitos

O termo Engenharia de Requisitos é utilizado para definir o processo, comum na engenharia de sistemas e engenharia de software, utilizado para definição, documentação e manutenção de requisitos de *sofwtare*.

O Conselho Internacional de Engenharia de Requisitos *(IREB - International Requirements Engineering Board)*, instituto internacional detentor da certificação internacional para engenheiros de requisitos, define esta prática como uma abordagem sistemática e disciplinada para a especificação e gerenciamento de requisitos com o foco em conhecer os requisitos relevantes, documentá-los de acordo com os padrões fornecidos e gerenciá-los sistematicamente, além de especificar e gerenciar requisitos para minimizar riscos de entregar um sistema que não atenda aos desejos e necessidades dos *stakeholders* (POHL, 2016). Isso significa que uma solução tratada pela Engenharia de Requisitos está necessariamente baseada na entrega de um sistema de informação.

A principal medida do sucesso de um sistema de software é o grau em que atende ao propósito para o qual foi pretendido. A Engenharia de Requisitos é um processo que engloba todas as atividades que visam descobrir esse propósito, identificando os stakeholders e suas necessidades, bem como documentando-os de uma forma que seja passível de análise. (NUSEIBEH; EASTERBROOK, 2000).

1.5 Sobre o autor

Erivan de Sena Ramos é profissional experiente nas práticas de Análise de Negócios, Engenharia de Requisitos e Gestão de Projetos, atuando a mais de dez anos nas referidas áreas como consultor de tecnologia da informação em empresas públicas e privadas no Brasil e na Austrália.

Possui certificações PMP®, CSM®, ITIL® e COBIT®. Sua formação acadêmica inclui MBA em Gerenciamento de Projetos pela Fundação Getúlio Vargas SP, MBA em Gestão Estratégica de Pessoas pela Universidade Estácio SP, Especialização em Engenharia de Software com ênfase em padrões de projetos pela Universidade Estadual do Ceará, e Bacharelado em Sistemas de Informação pela Universidade Estácio CE.

Pesquisador na área de engenharia de software com pesquisas publicadas em conferências e congressos, bem como, diversos artigos disponibilizados em plataformas de publicação online como *Linkedin* e *Medium*. É autor do livro "Padrões de Software para Reengenharia de Sistemas" publicado pela editora Novas Edições Acadêmicas.

CAPÍTULO 2 *Stakeholders* na Análise de Negócios e Engenharia de Requisitos

Resumo
Este capítulo discute sobre as divergências e similaridades entre os diversos títulos atribuídos a profissionais que lidam com as práticas de Análise de Negócios e Engenharia de Requisitos. Também é abordado como a temática *stakeholders* está inserida no contexto destas práticas, explicando a origem do termo, suas denominações e porquê o engajamento deve ser adotado como uma estratégia para lidar com *stakeholders*.

2.1 Análise de Negócios versus Engenharia de Requisitos

A Análise de Negócios e a Engenharia de Requisitos, estando presentes em conjunto ou não, possuem uma tênue diferença no foco de atuação em um iniciativa.

O foco da Análise de Negócios está em atribuir valor ao negócio, alinhado com a estratégia da organização e as necessidades dos *stakeholders*, e isso independe se haverá ou não algum sistema de informação relacionado com as mudanças propostas. O analista de negócio é o profissional que atua desde as primeiras análises para definição da mudança (em um ambiente onde o escopo é desconhecido e precisa ser definido) até a pós entrega da solução (para analisar se os benefícios da solução foram realmente alcançados).

O foco da Engenharia de Requisitos está em desenvolver sistemas de informação e produtos de tecnologia da informação, os quais também devem alinhados com a estratégia da organização e necessidades dos *stakeholders*. Em geral, o engenheiro de requisitos é contratado quando já está definido que um sistema será documentado, alterado ou desenvolvido. Geralmente seu trabalho compreende somente em uma fase dentro da iniciativa nas fronteiras do desenvolvimento do sistema, onde aprofunda-se nos detalhes da solução, prezando pelos padrões de qualidade de *software*. Esse profissional pode, além da gestão dos requisitos (levantamento, análise, especificação e validação), por meio da modelagem de sistemas, facilitar o entendimento dos requisitos pelo demais profissionais de engenharia de *software* envolvidos na iniciativa.A importância da Engenharia de Requisitos no desenvolvimento de sistemas é bastante estabelecida e reconhecida por pesquisadores e profissionais da área de tecnologia da informação (ZOWGHI; COULIN, 2005). De um modo geral, a Engenharia de Requisitos constitui a primeira etapa a ser realizada no processo da engenharia de software (THAYER, 1997), e engloba outros processos que visam realizar o levantamento, a análise, a especificação e a validação de requisitos em uma iniciativa que inclui o desenvolvimento de *software*.

Muitos termos são utilizados para descrever e classificar o processo de entendimento dos requisitos em uma inicitativa para desenvolvimento de um sistema de *software*. Engenharia de Requisitos é muitas vezes utilizado como um termo geral que abrange todas as atividades relacionadas a área de atuação do profissional de requisitos em um projeto. Porém, a Engenharia de Requisitos é compreendia especificamente em quatro processos específicos (RAGHAVAN et al.,1994), como apresentado na figura 2.

Figura 2 – Processos da Engenharia de Requisitos

Levantamento — Análise — Especificação — Validação

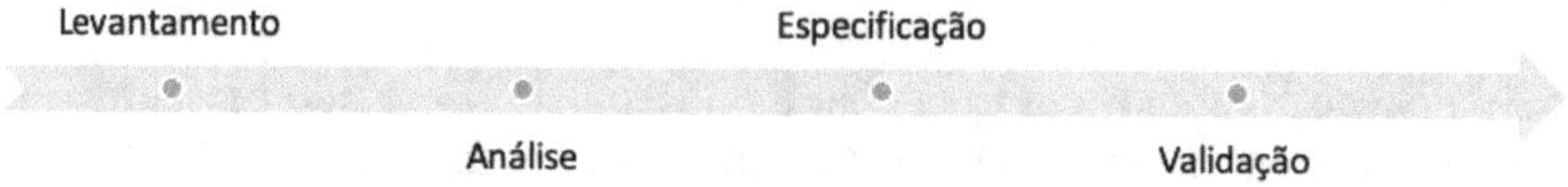

Fonte: Elaborado pelo autor 2

- Levantamento - processo pelo qual todas as pessoas diretamente envolvidas no projeto para desenvolvimento de um sistema de software – inclui-se os clientes, compradores ou usuários de um sistema de *software* – descobrem, revelam, articulam e entendem seus requisitos. Neste processo, o profissional de requisitos atua como um facilitador, aplicando técnicas de levantamento de requisitos e registrando dados para o processo de análise de requisitos.
- Análise - processo de raciocínio sobre os requisitos que foram levantados; envolve atividades como examinar requisitos para conflitos ou inconsistências, combinar requisitos relacionados e identificar requisitos ausentes. Neste processo, a análise é realizada pelo profissional de requisitos, e deve ter como resultado, o entendimento do negócio e determinação dos requisitos necessários.
- Especificação - processo para registrar os requisitos em uma ou mais formas, incluindo linguagem natural e representações formais, simbólicas ou gráficas; também, o produto que é o documento produzido por esse processo. Neste processo, o profissional de requisitos realiza a documentação dos requisitos levantados, para que os mesmos sejam de fácil entendimento pelos usuários na validação de requisitos (clientes, compradores ou usuários), bem como pelo team de desenvolvimento (gerentes de projetos, engenheiros de *softwares*, desenvolvedores e testadores).
- Validação - processo para confirmar com o cliente ou usuário do *software* que os requisitos especificados são válidos, corretos e completos. Neste processo, o profissional de requisitos apresenta a documentação realizada na especificação de requisitos, se necessário realiza ajustes e registra o aceite do usuário.

Embora a Engenharia de Requisitos seja um papel na Engenharia de *Software*, instituições internacionais como o *International Qualification Board for Business Analysis* © (*IQBBA*), considera esta prática como uma das principais atividades do analista de negócio (IQBBA, 2018).

Considerando que na maioria das vezes mudanças propostas em uma iniciativa envolvem a análise de sistemas, poderíamos dizer que em um "mundo ideal" analistas de negócios e engenheiros de requisitos deveriam trabalhar em conjunto, cada um executando seu papel na iniciativa. Enquanto o analista de negócios estivesse focado em compreender, analisar, derivar necessidades e fornecer as soluções olhando para o todo, o engenheiro de requisitos focaria no desenvolvimento dos produtos de software necessários, olhando para a "solução". Porém, a realidade que se apresenta é que estes papéis muitas vezes são sobrepostos e um único profissional que atua como analista de negócios e engenheiro de requisitos. Talvez esse acúmulo de papéis se torne um problema para iniciativa se o profissional não possuir um conhecimento apropriado sobre estas duas práticas, as quais embora tenham similaridades, possuem peculiaridades e limites de atuação em uma iniciativa.

Isso pode confundir ainda mais diante das várias outras denominações existem no mercado de trabalho, tais como: arquiteto de negócios, analista de negócios, analista de sistemas de negócios, analista de dados, consultor de gerenciamento, analista de processos, gerente de produtos, *product owner*, analista de requisitos e analista de sistemas.

O papel de cada uma dessas denominações pode variar de acordo com a política da organização, além das restrições de recursos, do tempo, bem como da situação, foco e perspectiva da iniciativa. Uma pesquisa na área apontou que mais de setenta por cento dos profissionais que executam Análise de Negócios, por exemplo, trabalham dentro de uma variedade diversificada de papéis (IIBA, 2018). Diante da miscelânea de nomenclaturas, algo que podemos afirmar é que o levantamento das necessidades e análise de requisitos são comuns pontos de intercessão entre todos estes títulos profissionais. E consequentemente um impositivo inter-relacionamento com *stakeholders* que estarão a todo momento expressando suas necessidades e ajudando a definir os requisitos de negócios e de *software*.

2.2 Como lidar com *stakeholders* na Análise de Negócios e engenharia de software

Em geral, podemos considerar que *stakeholders* possuem a mesma importância e equivalência tanto para Análise de Negócios quanto para Engenharia de Requisitos. O que provavelmente possa diferenciar, de uma prática para outra, é o "universo" de *stakeholders* que os profissionais terão que lidar. Por exemplo, se considerarmos que uma iniciativa possuem distintos profissionais atuando como analista de negócios e engenheiro de requisitos, o primeiro irá trabalhar com um maior número de *stakeholders* (desde antes do projeto até o pós-projeto), enquanto o segundo irá provavelmente atuar com um número menor de *stakeholders* interessados na solução (aqueles envolvidos com o sistema de informação e os derivados produtos de tecnologia da informação).

Essa convivência com *stakeholders* pode ser melhor quando é estabelecido um processo de engajamento entre as partes envolvidas na iniciativa. Antes de discutir sobre como este processo pode ser estabelecido, você precisa entender melhor a definição do termo *stakeholder* e também o que significa engajamento de *stakeholders*.

2.2.1 Quem são os *Stakeholders*?

O termo em inglês surgiu nos anos sessenta da derivação de "*stake*" + "*holder*" (tradução livre: aquele que possui estaca/delimitador) e da palavra *stockholder* (acionista), com a intenção de classificar os proprietários de ações que podiam influenciar a tomada de decisões em uma organização. Outra provável origem do termo é no pôquer, onde as *stakes* determinam o tamanho mínimo de uma aposta, e originalmente era utilizado para denominar o detentor das apostas em um jogo (GOODPASTER, 1991).

Com o passar dos anos o termo foi incorporando conceitos mais amplos. Estudiosos se aprofundaram na pesquisa acadêmica em ética empresarial aplicada e desenvolveram o que foi chamado teoria dos *stakeholders*, a qual representa um rompimento do que era o entendimento usual – onde os negócios eram considerados veículos para maximizar os retornos somente para os proprietários – e onde a visão do *stakeholder* é apresentada como uma alternativa na tomada de decisões, alinhado com questões que envolvem ética, responsabilidade, sustentabilidade, e obtenção de sucesso nos negócios (PARMAR ET AL., 2010).

Ainda no final da década de sessenta, o termo foi difundido na área de estudo da administração de negócios, pelo renomado sociólogo americano James D. Thompson, como grupos que fazem a diferença (THOMPSON, 1967). Já em meados da década de 1980, quando a abordagem das partes interessadas emergiu como parte da gestão estratégica nas organizações, o professor e filósofo americano R. Edward Freeman, baseado na definição de Thompson, formalizou que *stakeholder* em uma organização é qualquer grupo ou indivíduo que possa afetar ou seja afetado pela realização dos objetivos da organização (FREEMAN, 1984), uma explicação clara e breve, que foi posteriormente bastante utilizada por outros estudiosos no assunto.

Na Engenharia de Requisitos o termo foi adotado somente nos anos noventa, quando foi percebido que utilizar termos como cliente e usuário seriam muito específico para determinar aqueles que podem possuir outros tipos de participação na iniciativa. Atualmente a Engenharia de Requisitos define o termo como aquele que influencia os requisitos de um sistema ou que é afetado por esse sistema (GLINZ; WIERINGA, 2007).

Consideráveis guias, práticas e padrões como *CMMi*, *SWEBOK*, *BABOK* e *ISO / IEC 12207* têm limitação ao explicar como definir todo o conjunto de *stakeholders* (PACHECO; GARCIA, 2012). Veja na tabela 1 algumas das principais publicações das instituições internacionais que atualmente fornecem certificações e regulamentam os padrões para análise de negócio e Engenharia de Requisitos, bem como, o engajamento de *stakeholders*.

Tabela 1 – Publicações que estabelecem padrões para Análise de Negócio, Engenharia de Requisitos e engajamento de *stakeholders*

Publicação (Padrão / Guia / Programa de Estudos)	Instituição	Tópicos sobre *stakeholders* (tradução livre dos itens em inglês)
AA1000 AccountAbility Stakeholder Engagement Standard (ACCOUNTABILITY, 2015)	AccountAbility	• Processo de engajamento dos *stakeholders* ▪ Plano ▪ Preparar ▪ Implementar o plano de engajamento ▪ Revisar e melhorar
Business Analysis 3rd edition (EVA et al.,2014)	British Computer Society (BCS)	• Iniciação e início do projeto ▪ Identificar os stakeholders ▪ Analisar os stakeholders ▪ Conceber estratégias de gestão dos stakeholders • Revisar as estratégias de gerenciamento dos *stakeholders*
Certified Business Analyst Foundation Version 3.0 (IQBBA, 2018)	International Qualification Board for Business Analysis (IQBBA)	• Identificação de stakeholders • Compreender como o analista de negócios interage com outras funções dentro de uma organização e os stakeholders dos programas / projetos
CMMI® for Development, Version 1.3 (CMMI, 2010)	Software Engineering Institute (SEI)	• Identificar e envolver relevantes *stakeholders*
ISO/IEC/ IEEE 42010 First edition Systems and software engineering - Architecture description (ISO et al., 2011)	International Organization for Standardization (ISO) and the International Electrotechnical Commission (IEC)	• Identificar *stakeholders*
Requirements Engineering Fundamentals, 2nd Edition (POHL, 2016)	International Requirements Engineering Board (IREB)	• Identificar *stakeholders*
The BABOK® Guide 3rd edition (IIBA, 2015)	International Institute of Business Analysis (IIBA)	• Planejar o engajamento dos *stakeholders* ▪ Realizar análise dos *stakeholders* ▪ Definir a colaboração dos *stakeholders* ▪ Necessidades de comunicação dos *stakeholders* • Gerenciar a colaboração dos *stakeholders* ▪ Ganho de acordo sobre compromissos ▪ Monitorar o engajamento dos *stakeholders*

The PMI Guide to Business Analysis 4th edition (PMI, 2017)	Project Management Institute (PMI)	• Colaboração
		• Envolvimento dos *stakeholders*
		  ▪ Identificar os *stakeholders*
		  ▪ Conduzir análise dos *stakeholders*
		  ▪ Determinar o engajamento dos *stakeholders* e a abordagem de comunicação
		  ▪ Realizar planejamento de Análise de Negócios
		  ▪ Prepare-se para a transição para o futuro estado
		  ▪ Gerenciar o engajamento e a comunicação dos *stakeholders*

Fonte: Elaborado pelo autor 3

Porém, considero que se sobrepormos algumas definições como as estabelecidas pelo IIBA® e PMI®, podemos transmitir o significado atual do termo *stakeholder* em uma iniciativa. O Guia BABOK® denomina *stakeholder* como aquele com o qual o analista de negócios provavelmente interagirá direta ou indiretamente (IIBA, 2015). O Guia PMI® para Análise de Negócios, complementa que *stakeholders* são também aqueles que são afetados ou percebidos como afetados por atividades e decisões relacionados com a solução (PMI, 2017).

Embora contemplados pelas ferramentas e metodologias de gerenciamento das organizações há muitos anos, os processos e práticas relacionadas com *stakeholders*, parecem que, até recentemente, terem sido uma consideração secundária, onde foi-se escrito e falado, mas raramente levado a sério, sendo considerado apenas como parte da habilidade comportamental do profissional que gerencia o progresso da atividade de uma organização. Parece então, que existe uma visão fixa consagrada na prática de que a análise de *stakeholders* precisa ser feita uma vez, onde o *stakeholder* é visto em um papel secundário com participação e capacidades limitadas (BOURNE, 2009).

Resumidamente, podemos admitir que o universo de *stakeholders* pode ser vasto e pode variar bastante dependendo da iniciativa, podendo incluir todas as pessoas e organizações que o profissional precisará lidar para executar seu trabalho. Isso pode incluir, por exemplo, desde o time de analistas de negócios, passando por todo o time envolvido na iniciativa até chegar no cliente, usuário final e órgão regulamentares.

Os analistas de negócios e engenheiros de requisitos permitem mudanças, definem necessidades e recomendam soluções que agreguem valor aos *stakeholders*. E justamente por isso é necessária a devida atenção destes profissionais para o estabelecimento de uma relação eficiente com os *stakeholders*.

Nas últimas décadas a importância do papel dos diversos grupos de *stakeholders* e a sua relação com as corporações ganhou relevância. Se anteriormente negócios eram vistos predominantemente como produtos dos seus proprietários, atualmente o propósito de uma empresa é prover retorno em investimento que beneficiem os indivíduos ou instituições que chamamos de *stakeholders*. Corporações têm utilizado instrumentos para criar valor econômico para *stakeholders* porque foi entendido que estes não representam somente os beneficiários do sucesso finaceiro dos negócios, mas estes também determinam o poder financeiro dos negócios (GREENWOOD, 2001).

2.2.2 O que é engajamento de *stakeholders*?

O engajamento é o processo pelo qual os analistas de requisitos e engenheiros de requisitos podem evnvolver os *stakeholders* nas tomadas de decisões da iniciativa. O engajamento de *stakeholders* é fundamental para que a colaboração por parte dos *stakeholders* nas atividades de Análise de Negócios e Engenharia de Requisitos ocorra de uma maneira mais fácil e espontânea.

Idealmente, um processo de engajamento baseia-se em valores e uma visão em comum, onde a relação é (JEFFERY, 2009):

- Bidirecional, onde todos tenham iguais oportunidade de trocar visões e informações, ouvir e ter seus problemas abordados.
- Não possui manipulação ou coerção.
- Caracterizadas por um compromisso de longo prazo de ambos os lados.
- Envolvem grupos representativos.
- Direcionadas para os mais prováveis afetados.
- Representativo, seja por sexo biológico, gênero social, raça, idade, classe, educação ou religião.
- Comprometido somente com entregas viáveis.
- Utiliza as melhores práticas de implementação.
- Realizada cedo o suficiente para abordar questões-chave do escopo e obter um efeito nas decisões operacionais.
- Informações relevantes são divulgadas com antecedência.
- Conteúdo é apresentado em um formato prontamente compreensível.
- Relevante para o contexto, seja local ou global.
- Processos internos fortes para criar consenso e apoio necessário.
- Utiliza técnicas culturalmente apropriadas.
- Utilizar tecnologia apropriada ao contexto, nível de educação ou desenvolvimento.

- Possui específico contexto para refletir cronogramas apropriados, realidades locais e idiomas.
- Utiliza documentação para monitorar quem foi consultado e os principais problemas levantados.
- Possui *feedback* e acompanhamento das questões levantadas durante a consulta, bem como esclarecer os próximos passos.
- É gerenciado por pessoal organizacional com habilidades de facilitação, comunicação e resolução de conflitos.
- Tem papéis e escopo claros sobre os objetivos e atividades a serem alcançados.
- Mecanismos claros para contato de ambos os lados.

Para que o engajamento de *stakeholders* seja estabelecido com maiores possibilidades de sucesso, aconselha-se que um plano seja estabelecido e alinhado com as práticas de Análise de Negócios e Engenharia de Requisitos. Desenvolver um plano para engajamento de *stakeholders* consiste em firmar uma pré-acordo com os *stakeholders* de como a participação dos mesmos deve ser realizada, ou seja, de uma forma efetiva, eficaz e que atenda as demandas deles.

Independente de como você planeje o engajamento dos *stakeholders*, considere ressaltar e estabelecer definições (em comum acordo) sobre os seguintes pontos:

- Objetivo em comum.
- Comunicação que será realizada.
- Papéis e responsabilidades na colaboração.
- Regras da análise de *stakeholders*.

Em geral, o engajamento dos *stakeholders* depende diretamente da confiança mútua entre os mesmos, do respeito e da comunicação transparente com os representantes da iniciativa.

CAPÍTULO 3
Planejamento

Resumo
Este capítulo tem como objetivo tratar sobre a importância do estabelecimento de um plano para o engajamento de *stakeholders*, e que comtemple as práticas de Análise de Negócios e Engenharia de Requisitos. Apresenta justificativa sobre a participação dos profissionais que atuam nestas práticas, bem como, sugere ainda itens e atividades para a elaboração de um plano de engajamento dos *stakeholders*.

3.1 A importância de estabelecer um plano

Isso pode parecer um assunto repetitivo, mas vale a pena sempre ser lembrado que antes de executar qualquer atividade, estabelecer um plano é necessário! E claro que isso vale para o processo de engajamento dos *stakeholders*. O planejamento é muito importante porque isso nos impõe um momento de reflexão sobre as atividades que iremos realizar, além de ser a determinação do ponto de partida para qualquer atividade a ser desenvolvida.

Planejar não fácil, é uma ação contrária a procrastinação, pois isto está estritamente ligado à criatividade e inovação. O planejamento é o momento onde você deve determinar com antecedência o que fazer e como fazer, ou pelo menos expressar uma concepção de como será o trabalho das tarefas vindouras. Entre os principais benefícios do planejamento podemos citar (NCERT, 2007):
- Fornecimento de instruções.
- Redução dos riscos devido a incertezas.
- Redução das atividades sobrepostas e desperdiçadoras de tempo.
- Promoção de ideias inovadoras.
- Facilitação na tomada de decisão.
- Estabelecimento de padrões para o manter o controle das atividades.

O planejamento estabelece o que deve haver na lacuna que representa entre onde estamos e para onde queremos ir (o propósito da iniciativa), e claro que no meio desde caminho inclui-se os relacionamentos que serão estabelecidas com os *stakeholders*.

3.1.1 Quando e como planejar?

O planejamento deve ser realizado antes que as atividades de execução da iniciativa sejam iniciadas. Geralmente isso está incluído na etapa de pré-projeto, fase que abrange a definição do escopo e detalhamento das atividades para atingir o objetivo da iniciativa.

Em geral, o planejamento é uma atividade que envolve as seguintes etapas lógicas (NCERT, 2007), conforme apresentado na figura 3.

Figura 3 – Etapas do planejamento

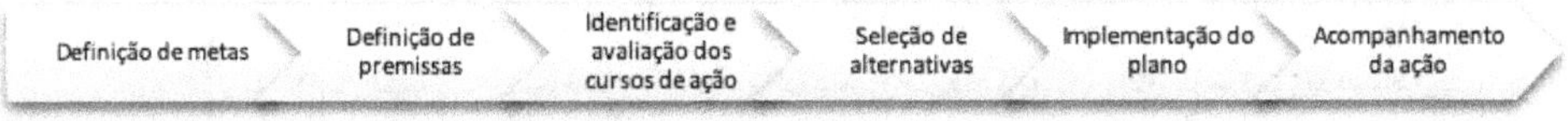

| Definição de metas | Definição de premissas | Identificação e avaliação dos cursos de ação | Seleção de alternativas | Implementação do plano | Acompanhamento da ação |

Fonte: Elaborado pelo autor 4

- Definição de metas - definir a meta do plano de acordo com o escopo da iniciativa.
- Definição de premissas - definir as premissas (argumentos que induzem ou justificam uma conclusão) que podem interferir no plano.
- Identificação e avaliação dos cursos de ação - definir e avaliar as possíveis ações acordo com a viabilidade plano.
- Seleção de alternativas - determinar as atividades que serão registradas no plano.
- Implementação do plano - executar o plano em prática. Realize as atividades conforme registradas no plano.
- Acompanhamento da ação - monitorar o plano para garantir que os objetivos sejam alcançados.

Como dito anteriormente, o desenvolvimento de um plano geralmente está atrelado a visão estratégica da organização, sendo elaborado por especialistas, líderes e gestores e com aprovação dos diretores. Porém, no meio do caminho, é importante que colaboradores da iniciativa, como analistas de negócios e engenheiros de requisitos, contribuam de maneira consistente, incluindo detalhes que ajudarão na completude das tarefas a serem executadas.

3.1.1.1 Modos de planejamento

Um plano consiste em uma análise prévia, que deve ser produzido durante um período, o que geralmente é um recurso limitado, especialmente quando estamos focando em planejamento para lidar com *stakeholders*. Embora isso possa ser um exercício demorado, pode ser que durante sua vida profissional você se encontre em uma iniciativa onde este assunto seja menos valorizado e não seja disponibilizado o tempo suficiente para realizar um planejamento adequado. Por isso, às vezes o modo de como você planeja depende do tempo e recursos disponíveis, além do ambiente de trabalho que você está inserido. Pensando em driblar essas adversidades, e tentando estar pronto para planejar na medida que é possível, estabeleci três modos de planejamento, porém, é claro, estando consciente dos riscos relacionados:
- Notas pessoais - este é o modo mais rápido, mais sujeito a riscos e menos recomendado. Usado em situações extremas, quando não há tempo disponível no projeto para uma análise prévia para realização de um plano. Para isso, em uma nota pessoal, por meio de uma lista de verificação (*checklist*) estabeleça uma ordem cronológica para execução das principais atividades. Isso funciona com um tipo de

auxílio para reduzir falhas, compensando os limites potenciais de memória e atenção, além de ajudar a garantir consistência e integridade na execução das tarefas. As chances de sucesso podem ser maiores você tem experiências anteriores em iniciativa similares, e um profundo conhecimento de atividades e técnicas relacionadas com análise, gestão e engajamento de *stakeholders*. O risco deste modo é que pode haver diversidade de planos entre os demais profissionais, bem como, não há um aceite do *stakeholder*, portanto pode não haver um cometimento do mesmo com a ordem das atividades e técnicas utilizadas.

- Plano interno - este modo é utilizado quando se tem tempo suficiente para documentar de alguma forma mais formal, mas a distribuição do plano não é oficialmente estabelecida pelo processo ou metodologia que está sendo seguido na iniciativa. Consiste em um plano com as básicas atividades e técnicas que serão utilizadas, porém geralmente a distribuição deste plano é compartilha entre a equipe mais próxima e para *stakeholders* chaves se necessário. O risco deste modo está na falta de uma aprovação formal e alinhamento com um planejamento geral da iniciativa. Em consequência o plano de *stakeholders* pode sofrer intervenções para atender as etapas do processo de planejamento geral da iniciativa.

- Plano formal - este é o modo mais seguro e que deve ser perseguido para adoção em qualquer iniciativa. Consiste em uma análise prévia com tempo suficiente para elaboração do mesmo, inclui detalhes sobre análise, gestão, comunicação, colaboração e engajamento. Os *stakeholders* chaves revisam, aprovam e se comprometem com o planejamento estabelecido. O plano de *stakeholders* pode ser uma sessão do plano geral da iniciativa, ou um documento separado disponibilizado para o livre acesso por todos os envolvidos.

Os modos acima são apenas sugestões. É claro que isso pode variar de acordo com a sua realidade de trabalho. Independentemente de qual seja sua situação não esqueça de estabelecer um plano, seja formal ou informal, tendo em mente que o que está sendo planejado deve ser algo viável para ser implementado, senão isso terá sido apenas um exercício fútil que consumiu seu tempo e consequentemente os custos da iniciativa.

3.1.2 O papel do analista de negócios e engenheiro de requisitos no planejamento

O planejamento de qualquer atividade deve estar alinhado com o posicionamento estratégico da organização. Geralmente é mantido por membros da diretoria da empresa, bem como, responsáveis da gestão das iniciativas, como por exemplo os gerentes de projetos. Porém, para o estabelecimento de um plano mais consistente, outros colaboradores também fornecem informações importantes para compor o planejamento final apresentado por gestores e diretores.

Neste ponto, é onde profissionais como analistas de negócios e engenheiros de requisitos devem atuar de forma colaborativa, incluindo elementos referente a suas respectivas práticas. E diante da importância do engajamento dos *stakeholders* em uma iniciativa e para o trabalho destes profissionais, é importante também que se planeje para estas áreas de atuação.

3.2 Plano de engajamento de *stakeholders*

O engajamento dos *stakeholders* é um termo abrangente que comtempla uma série de atividades e interações ao longo da iniciativa, como a identificação e análise dos *stakeholders*, a comunicação e colaboração com *stakeholders* (a divulgação de informações, as consultas, as negociações, as parcerias, e gerenciamento de queixas), bem como, a monitoração do engajamento (envolvimento dos *stakeholders* no monitoramento do projeto, reporte aos *stakeholders* mais difíceis e as funções de gerenciamento em si) (SEQUEIRA; WARNER, 2007). Confira na figura 4.

Figura 4 – Atividades e iterações no engajamento de *stakeholders*

Fonte: Elaborado pelo autor 5

O plano de engajamento de *stakeholders* é um documento geral da iniciativa, onde várias outras práticas devem ser atendidas de acordo com a necessidades inerentes a cada uma. Este pode ser bem amplo, isso vai depender de fatores como tempo, custo, conhecimento do profissional sobre metodologias e técnicas, bem como, o conhecimento atual referente ao escopo e *stakeholders* envolvidos na iniciativa.

Tenha em mente que o escopo e o nível de detalhes contidos neste documento devem ser dimensionados para atender às necessidades da iniciativa. Em geral, um bom plano de engajamento dos *stakeholders* deve (SEQUEIRA; WARNER, 2007):

- Descrever requisitos para consulta e divulgação.
- Identificar e priorizar os principais grupos identificados.
- Prover estratégia e cronograma para compartilhamento informações e consultoria.
- Descrever os recursos e responsabilidades.
- Apresentar atividades de engajamento e como estas serão incorporadas.

O papel dos analistas de negócios e engenheiros de requisitos é colaborar com itens importantes para as próprias atividades. Para elaborar este plano, é importante que estes profissionais possuam experiência prévia com iniciativas similares ou conhecimento preliminar sobre a iniciativa e os *stakeholders* envolvidos. Isso inclui, por exemplo realizar reuniões com membros do time da iniciativa para uma prévia identificação de stakeholders (assunto tratado posteriormente no sub capítulo 4.2.1 Identificação dos stakeholders) com o objetivo de compreender qual o atual cenário e necessidades existentes. Isso ajudará a estabelecer os itens do planejamento de acordo com a realidade onde as atividades serão desenvolvidas.

Definir o que planejar pode variar de acordo com a sua experiência e o quanto você percebe o que é necessário e o que você pode incorporar em uma iniciativa. Entre alguns itens que você pode incluir em sem plano estão: visão geral, abordagem da análise, da comunicação e da colaboração dos *stakeholders*. Mais detalhes são apresentados na tabela 2.

Tabela 2 – Itens do plano de engajamento de *stakeholders*

Item	Descrição
Histórico de revisão	Contêm detalhes (data e responsável) sobre revisão, alteração e aprovação do plano.
Introdução	Uma breve introdução sobre o propósito e escopo da iniciativa, bem como o objetivo do plano de engajamento dos *stakeholders*.
Visão geral sobre o engajamento de *stakeholders*	Apresente uma visão sobre o significado e importância do engajamento de *stakeholders*, podendo incluir subitens de detalhamento, como: • Abordagem e princípios adotados para o engajamento dos *stakeholders*. • Descrição breve das práticas relacionadas com o engajamento de *stakeholders*: Análise de *stakeholders*, Abordagem da comunicação e da colaboração.
Abordagem da análise de *stakeholders*	Descreva sobre a análise de *stakeholders* adotada: • Definição e importância da análise de *stakeholders*; • Descrição das atividades relacionadas: Identificação, análise de impacto e risco (realizadas e pendentes) • Lista das técnicas e ferramentas utilizadas. • Lista com os grupos e/ou individuais *stakeholders* identificados até o momento. Incluindo informações essenciais como áreas de atuação e a organização que os mesmos representam. • Defina as dimensões (tempo, foco, propósito, interesse, escopo, prazo e etapa).
Abordagem de comunicação	Descreva sobre a abordagem de comunicação adotada: • Definição e importância da abordagem de comunicação; • Definir detalhes sobre a comunicação que será estabelecida: o que, quando e como, incluindo as técnicas e ferramentas utilizadas.
Abordagem de colaboração	Descreva sobre a abordagem de colaboração adotada: • Definição e importância da abordagem de colaboração; • Papéis e responsabilidades dos *stakeholders* na iniciativa; • Estabelecimento de regras para revisão e aprovação de documentos, e escalonamento de decisões.
Cronograma de atividades	Datas e prazos para atividades já definidas relacionadas com o engajamento de *stakeholders*.

Fonte: Elaborado pelo autor 6

3.2.1 Abordagem da Análise de *stakeholders*

A abordagem do processo de análise dos *stakeholders* define o conjunto de ferramentas para gerar conhecimento sobre os indivíduos e organizações envolvidos na iniciativa, com o intuito de entender os comportamentos, intenções, inter-relações e interesses. Pretende ainda avaliar a influência e os recursos que os mesmos trazem para a tomada de decisões ou aos processos de implementação.

Antes de definir quais as atividades da análise de *stakeholders*, é importante estabelecer dimensões (VARVASOVSZKY; Brugha, 2000), podendo variar de acordo com o tempo, foco, propósito, interesse, escopo, prazo e etapa. Em geral, isso depende do ambiente onde a mesma está sendo realizada, podendo influenciar o plano de engajamento que será elaborado e os processos já adotadas pela organização. Podendo então, ajudar a delimitar o nível de

análise que será realizado e quais as técnicas e ferramentas que precisarão serem utilizadas:
- Tempo – definição de qual tempo será considerado para a análise de *stakeholders* (passado, presente ou futuro). Pode haver a necessidade de estabelecer uma dimensão retrospectiva, com o objetivo de compreender os papéis dos *stakeholders* na evolução de um contexto a fim de delinear prospectivamente direções mais focadas e de longo prazo.
- Foco – definição do foco, está estritamente relacionada com o tempo. Dependendo desta variante o foco da análise pode variar de retrospectivo (analisar fatos relacionados com as ações passadas) para prospectivo (projetar fatos relacionados com as ações futuras).
- Propósito – definição do propósito na análise de *stakeholders*, já que a mesma pode variar de acordo o tipo de iniciativa ou quando isto está sendo aplicado na iniciativa. A análise está relacionada com a avaliação, planejamento ou implementação de uma iniciativa.
- Interesse – identificação do interesse do *stakeholder* que será analisado. Define se os interesses envolvidos dos *stakeholders* estão relacionados com o processo de desenvolvimento ou com o produto/objetivo da iniciativa. Dependendo do foco de interação, será necessário utilizar diferentes métodos para analisar os grupos de *stakeholders* com específicos interesses.
- Escopo – entendimento de qual o escopo atual da iniciativa. A análise de *stakeholders* varia de acordo com a fase ou entrega acordada e pode limitar-se a uma restrita parte do escopo ou abranger uma grande parte do mesmo.
- Prazo – verificação do prazo disponível para realizar a análise de *stakeholders*. Isso pode levar horas ou dias, dependendo do nível de análise e esforço nela empregado.
- Etapa – análise de *stakeholder* pode ser contínua e aplicada durante toda a realização da iniciativa. Identifique qual a etapa da mesma está sendo aplicada iniciativa (análise histórica, pré-implementação, planejamento, desenvolvimento, pós-implantação). Isso pode impactar em como a análise deve ser feita e quais técnicas podem ser aplicada, já que pode variar desde o total desconhecimento dos *stakeholders* até relacionamentos já pré-estabelecidos e acordados.

Entre as principais atividades do processo de análise de *stakeholders* podemos considerar a identificação, o registro, e a análise propriamente dita, como as principais. Confira na figura 5.

Figura 5 – Processo da análise de *stakeholders*

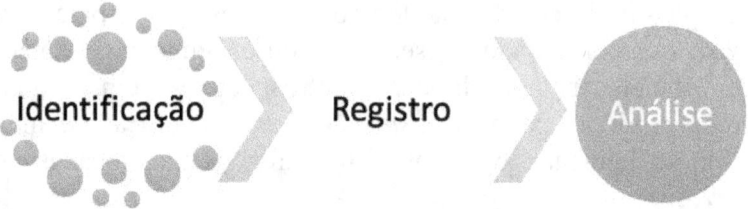

Fonte: Elaborado pelo autor 7

- Identificação – atividade para identificar e levantar os potenciais tipos de *stakeholders* relevantes.
- Registro – atividade para registrar por meio da utilização de alguma técnica ou método os *stakeholders* identificados.
- Análise – atividade que pretende analisar impacto dos *stakeholders*, definir *stakeholders* prioritários, importantes e influentes na iniciativa.

A abordagem do processo de análise de *stakeholders*, contida no plano de engajamento, pode ainda listar atividades como a análise de impacto e análise de riscos, bem como, as técnicas e metodologias utilizadas para aplicação das mesmas.

3.2.2 Abordagem da comunicação com *stakeholders*

A abordagem da comunicação com *stakeholders* define parâmetros para a transmissão ou troca de informações dentro dos limites da iniciativa, porém, planejar a comunicação somente contribui como fator de sucesso em uma iniciativa se ajudar a (SCHIBI, 2013):
- Estabelecer expectativas das interações do dia-a-dia.
- Garantir o entendimento dos papéis de todos na comunicação.
- Reduzir desnecessários conflitos oriundos de falhas no entendimento.
- Permitir que stakeholders foquem em desenvolver o trabalho adicionando valor (ao invés de se envolver em discussões) e buscando informações (as quais devem está entendíveis e disponíveis).

A abordagem de comunicação com os *stakeholders* pode ser parte de um plano de comunicação mais geral que contêm a formalização de todas as abordagens orientadas para fornecer informações aos interessados na inciativa, ou pode ser um documento restrito com abordagens direcionadas a Análise de Negócios e Engenharia de Requisitos. Isso vai depender de qual

metodologia e estilo de planejamento que está sendo adota na iniciativa, o importante é que contenha definições relacionadas com a comunicação que será desempenhada nestas práticas. É essencial incluir definições sobre:
- O que deve ser comunicado – definir quais informações devem ser informadas durante a Análise de Negócios e Engenharia de Requisitos, leve em consideração fatores decisivos e de mudança durante a iniciativa, pode-se, por exemplo, incluir definições, alterações e revisões sobre:
  - Cronogramas de atividades e prazos de entregas.
  - Agendas e atas de reuniões.
  - Planejamentos realizados (abordagem de Análise de Negócios, plano de Análise de Negócios, ativos de processos organizacionais, funções, responsabilidades e Técnica 16 – Lista de *Stakeholders*).
  - Análise de requisitos.
  - Quais os canais de comunicação, definindo qual o método de como a informação deve ser comunicada, como por exemplo reuniões presenciais, teleconferências, mensagens instantâneas ou de texto, telefonemas, e-mail, correspondência; *Really Simple Syndication* (RSS) ou *Wiki / Blog;*
  - Qual a formalidade da comunicação, estabelecendo o nível de formalidade da comunicação. Isso pode variar de acordo com o tipo de *stakeholders*, fase da iniciativa, ou o método utilizado para a comunicação. Por exemplo, em mensagens instantâneas entre membros do time de desenvolvimento a formalidade geralmente é menor do que quando se envia um e-mail para o diretor da organização.
  É possível classificar a formalidade da comunicação de várias maneiras, geralmente considero quatro principais formas:
    - Escrita formal – utilizada para documentar uma comunicação que precisam ser (manualmente ou eletronicamente) assinados ou documentos que precisam ser enviados para autoridades, dentro ou fora da organização, que exigem formalidade na escrita.
    - Escrita informal – abrange meios de comunicações informais. Geralmente adotados em mensagens escritas curtas e entre pares.
    - Verbal informal – aplicado por meio de discursos e apresentações roteirizadas e com texto pré-estabelecido.

- Verbal informal - aplicado nas conversas do dia-a-dia entre membros da mesma equipe e sessões informais em uma iniciativa.
- Quando a comunicação deve ocorrer – definir o período de tempo (quanto) e / ou a frequência das mensagens de comunicação (quando). Para *stakeholders* distribuídos geograficamente mas que trabalham em uma mesma iniciativa, lembre-se que os fusos horários podem impactar em quando a informação pode ser entregue e em quando uma resposta pode ser obtida.

3.2.2 Abordagem de colaboração dos *stakeholders*

A abordagem de colaboração visa estabelecer regras para a cooperação do *stakeholders* durante as atividades da análise de negócio e de Engenharia de Requisitos. Dente os principais itens de colaboração que podemos incluir no planejamento estão:

- Papéis e responsabilidades – estabelece quais os papéis e responsabilidade dos *stakeholders* na iniciativa, ajudando a coordenar suas atividades. Estabeleça uma estrutura da equipe que contém a responsabilidade de cada membro, definindo autoridades que executam aprovações, aqueles que geralmente devem ser consultados e os membros que podem ser apenas informados.
  Para a definição destes papeis, considere utilizar uma matriz RACI (Veja Técnica 23 – Matriz RACI) um framework utilizado para determinar com clareza os papéis dos *stakeholders* na iniciativa.
- Suporte e escalonamento – define as regras de suporte e escalonamento de decisões que precisam ser tomadas dentro da iniciativa. Identifica os diferentes níveis de decisão envolvidos no processo, as responsabilidades de cada uma dessas partes e as transferências de responsabilidade que ocorrem entre elas.
- Prazos e frequência – determina como a colaboração será estabelecida com os *stakeholders*. Exemplo: Como se será estabelecido a agenda de reuniões (respeitando o cronograma das outras atividades do *stakeholders*) ou se o analista de requisitos e engenheiro de software terão acesso livre para estabelecer contato quando necessário.
- Localização - estabelece onde será realizada a colaboração. Exemplo: Em organizações distribuídas geograficamente, é necessário definir quais dos *stakeholders* terão que se locomover fisicamente em caso seja necessário presença pessoal.

Os dois últimos itens (prazo, frequência e localização) geralmente estão diretamente relacionados com a abordagem de comunicação estabelecida.

3.2.3 Outros itens que podem estar contidos em um plano de engajamento

Considere incluir outros itens que são convenientes para a Análise de Negócios e Engenharia de Requisitos, caso as mesmas não estejam definidas em outros planejamentos da iniciativa. Podemos considerar ainda (não limitando-se a):

- Indicadores para medir engajamento dos *stakeholders* – define como serão os indicadores chaves de performance para monitorar se o engajamento está atendendo a objetivos pré-definidos. Uma possibilidade para medir o engajamento dos *stakeholders*, por exemplo, é utilizar um matriz de avaliação do nível de engajamento (Veja Técnica 21 – Matriz de avaliação do nível de engajamento), para identificar lacunas entre os níveis de engajamento atual e o desejado (MARTINS; NETO, 2017).
- Regulamentos – apresenta os requisitos legais, regulamentares que representam alguma relação com o engajamento dos *stakeholders* na iniciativa. Isso pode incluir regulamentos ambientais, códigos de ética e confidencialidade da organização.
- Requisitos necessários – estabelece requisitos necessários ou já definidos para a iniciativa, relacionados com o engajamento de *stakeholders*, como por exemplo, necessárias transferências de transferência ou aquisição de profissionais para compor o time da iniciativa, ou ainda dedicação em tempo parcial de algum *stakeholder* importante na participação de reuniões.
- Atividades realizadas anteriormente – apresenta breve informações sobre quaisquer atividades que foram realizadas até o momento relacionada com o engajamento de *stakeholders*. Por exemplo: reuniões iniciais para definição de escopo e entrevistas individuais com *stakeholders* importantes.
- Orçamento – caso a implantação do plano de engajamento envolva custo financeiro alheio a iniciativa, apresente os detalhes do orçamento das atividades relacionadas.
- Plano de critérios da aceitação das entregas - documente as diretrizes dos *stakeholders* para a aceitação das entregas para que todas as partes

tenham um entendimento comum sobre o que a iniciativa está entregando e sobre o que o *stakeholders* considerará no aceite do produto ou serviço (Veja a Técnica 26 – Plano de Critérios da Aceitação).

- Observação importante: Quando documentar a especificação do requisito, use a Técnica 10 – Critérios de Aceitação (Funcionalidade) para documentar as diretrizes para identificar o que precisa ser testado e como a qualidade precisa ser medida. Assim é mantida a integridade entre o que stakeholder deseja e a funcionalidade entregue, garantido a confiança dos *stakeholders* no seu trabalho.

3.2.4 Mantendo o plano de engajamento de *stakeholders* atualizado

O plano de engajamento estabelece os meios de como será realizado o inter-relacionamento com os *stakeholders*, com o intuito de ser um meio que garante que todos estejam cientes dos mesmos objetivos da iniciativa. Porém, este não é um documento imutável. O ideal é que o plano seja um documento vivo e que seja atualizado para descrever processos e procedimentos atuais e futuros, por isso atualizações são comuns à medida que um projeto percorre os diversos estágios em uma iniciativa. É importante manter um histórico de alteração, contendo breve descrição, data, responsáveis pela alteração, revisão e aprovação do documento.

CAPÍTULO 4
Engajamento

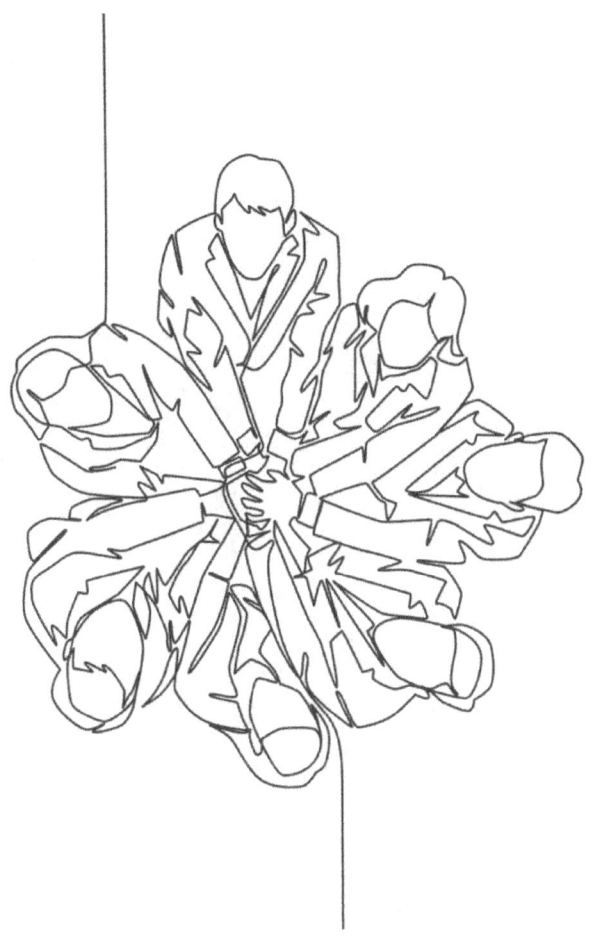

Resumo
Este capítulo tem como objetivo discutir sobre as principais atividades a serem realizadas após a elaboração do plano de engajamento de *stakeholders*. É explicado em que consiste a execução do plano, o qual inclui realizar a análise de *stakeholders*, estabelecer uma direta comunicação e adquirir a colaboração dos *stakeholders* com o objetivo de construir relacionamentos contributivos para a iniciativa. O capítulo destaca ainda a importância de realizar um monitoramento e trata sobre estratégias para lidar com *stakeholders* considerados difíceis.

4.1 Executando o plano de engajamento de *stakeholders*

Após colaborar com a elaboração do plano de engajamento dos *stakeholders*, o qual deve devidamente ser revisado e aprovados pelos *stakeholders* considerados chave, é necessário aplicar o que foi planejado para que se consiga manter o processo de engajamento em pleno funcionamento.

A execução do engajamento de *stakeholders* podem passar por diversas etapas ao longo de uma iniciativa, como (JEFFERY, 2009):

- Entendimento das necessidades e desejos dos *stakeholders* – entendimento obtido na análise e levantamento dos requisitos.
- Alinhamento de expectativas – tentar alinhar os interesses e objetivos da organização com os desejos dos *stakeholders*.
- Construção da confiança – construir confiança por parte dos *stakeholders*, realizando por exemplo as seguintes ações:
  - Declarar publicamente que é necessário a criação de um elo de confiança para que a iniciativa ocorra.
  - Consultar *stakeholder* para obter opiniões.
  - Socializar informalmente com os *stakeholders* (Exemplo: bate-papos informais para chá e café).
  - Desenvolver e implementar um mecanismo ou procedimento para responsabilizar a organização por atividades (Exemplo: fóruns periódicos com grupos de *stakeholders* e representantes da organização).
  - Manter *stakeholders* informados sobre as perspectivas ou planos futuros da organização (Exemplo: usar um boletim informativo, site, *e-mail* etc.).
  - Realizar reuniões regulares.
  - Garantir continuidade em negociações.
  - Lidar não somente com grandes problemas, mas com pequenos problemas também.
  - Usar uma linguagem apropriada para o público.
  - Usar o histórico compartilhado para encontrar pontos em comum.
- Realização de consultas - Realizar consultas junto aos *stakeholders* de forma preparada e planejada.
- Responder e implementar: uma vez realizadas as consultas, mantenha os *stakeholders* informados sobre a implementação das soluções, incluindo prioridades e fases da iniciativa.

- Monitoramento – realizar o monitoramento, avaliação e documentação do processo de engajamento, implementando revisões regulares no modo em que o planejamento está sendo realizado.

4.1.2 Métodos de engajamento

Stakeholders possuem diferentes níveis de habilidades, interesses e experiência no envolvimento com a iniciativa, e isso pode afetar a capacidade da participação destes, bem como, a qualidade das informações levantadas. Por isso é necessário trabalhar em conjunto com os *stakeholders* para engajá-los na iniciativa.

O engajamento de *stakeholders* pode ser composto por diferentes métodos para envolvê-los na iniciativa. A determinação dos métodos a serem utilizados está relacionada com os diferentes níveis de engajamento dos *stakeholders*. Podemos considerar os seguintes níveis de engajamento (ACCOUNTABILITY, 2015):

- Passivo – *stakeholders* sem uma comunicação ativa com a iniciativa, onde as preocupações são expressas por meio de protestos.
- Monitora – *stakeholders* que estabelecem uma comunicação unidirecional: do *stakeholder* para a organização.
- Advoga – *stakeholders* que estabelecem uma comunicação unidirecional: da organização para os *stakeholders*.
- Informa – *stakeholders* que estabelecem uma comunicação unidirecional: da organização para os *stakeholders*, sem convites para responder.
- Transaciona – *stakeholders* que estabelecem um engajamento bidirecional limitado, definindo e monitorando o desempenho de acordo com os termos do contrato.
- Consulta – *stakeholders* que estabelecem um engajamento bidirecional limitado, onde a organização faz perguntas e os *stakeholders* respondem.
- Negocia – baseado um engajamento limitado nos dois sentidos, onde um debate (sobre uma questão específica ou uma série de questões) com o objetivo de alcançar um consenso é estabelecida
- Envolve – *stakeholders* que estabelecem um engajamento bidirecional: aprendizado em ambos os lados, mas os *stakeholders* e a organização agem de forma independente.
- Colabora – *stakeholders* que estabelecem um engajamento bidirecional, onde há aprendizado, tomada de decisão e ações em conjunto.

- Capacita – *stakeholders* que estabelecem um engajamento com novas formas de prestação de contas, decisões delegadas aos *stakeholders*, desempenhando um papel na definição das agendas organizacionais

Verifique na tabela 3, os exemplos de métodos de engajamento de acordo com o nível de engajamento descritos anteriormente.

Tabela 3 – Métodos de engajamento

Níveis de engajamento	Métodos de engajamento
Passivo	• Cartas • Meios de comunicação • Sites etc.
Monitora	• Rastreamento de mídia e internet • Relatórios
Advoga	• Pressão sobre órgãos reguladores • Esforços de *lobby*
Informa	• Boletins e cartas • Brochuras • Relatórios e sites • Discursos, conferências e apresentações públicas
Transaciona	• Parcerias público-privadas • Iniciativos de financiamento privado • Concessão de doações • Causa relacionada ao comércio.
Consulta	• Pesquisas • Grupos de foco • Reuniões • Oficinas
Negocia	• Negociações coletivas
Envolve	• Fóruns • Painéis consultivos • Processos de construção de consenso • Processos participativos de tomada de decisão • Grupos de foco • Ferramentas de engajamento online
Colabora	• Projetos conjuntos • Empreendimentos conjuntos • Parcerias • Iniciativas com várias partes interessadas • Plataformas colaborativas online
Capacita	• Integração de *stakeholders* na governança, estratégia e operações da organização

Fonte: Elaborado pelo autor 8 (Baseado em ACCOUNTABILITY, 2015)

As próximas seções tratam dos itens considerados no planejamento (análise, comunicação, colaboração e monitoramento) e exigem bastante atenção dos analistas de negócios e engenheiros de requisitos. Estes itens serão revisados e o desenvolvimento das atividades serão detalhados.

4.2. Realizar o processo da análise de *stakeholders*

O processo da análise de *stakeholders* deve ser uma das primeiras práticas realizadas em uma iniciativa pelos analistas de negócios ou engenheiros de requisitos. Em uma primeira análise, ainda na fase de pré-projeto, para planejar o engajamento, é possível considerar alguns *stakeholders* por meio de conhecimento do escopo de análise de documentos iniciais, tais como contratos, acordos, casos de negócios ou qualquer outro documento disponível que sirva de roteiro na direção da iniciativa.

Esta análise tem melhores resultados quando é realizada em uma fase inicial antes da iniciativa ser iniciada e adicionalmente reavaliar as principais questões encontradas durante as próximas fases da iniciativa (Smith, 2000). Em geral, este processo visa obter a atribuição correta de papéis aos *stakeholders*, a iteração construtiva entre os mesmos e a classificação das necessidades de acordo com suas prioridades e o objetivo da iniciativa (PACHECO; GARCIA, 2012). Conforme descrito no capítulo anterior, este é um processo que além da própria análise, inclui também atividades prévias como identificação e o registro dos *stakeholders*.

4.2.1 Identificação dos *stakeholders*

O processo da análise de *stakeholders* se inicia com a identificação do *stakeholders*. A Engenharia de Requisitos define que a identificação dos *stakeholders* é tão importante que deve preceder qualquer outra atividade (GLINZ; WIERINGA, 2007). Isso se deve porque para compreender apropriadamente os desejos e necessidades dos *stakeholders* é primordial determinar quem são estes e o quanto os mesmos são importantes para iniciativa.

Quando um processo de identificação considera ou não um *stakeholder*, isto irá refletir diretamente na inconsistência da especificação de requisitos, tais como a inclusão de necessidades irrelevantes ou a omissão de necessidades importantes, o que pode gerar o aumento de riscos e afetar o projeto (PACHECO; GARCIA, 2012). Usualmente uma identificação não é bem sucedida quando são considerados apenas aqueles que estão obviamente ligados com a iniciativa (como o gerente do projeto, o cliente, os usuários, os membros da equipe dentro da organização executora e o patrocinador do projeto) e as necessidades ou expectativas de algum *stakeholder* influente não foram consideradas porque o mesmo foi ignorado por algum motivo (Smith, 2000).

O estabelecimento de uma metodologia para identificação de *stakeholders* é fundamental para o processo de engajamento (ACCOUNTABILITY, 2015). Inicialmente a identificação dos *stakeholders* pode ser obtida por meio de fontes externas e/ou fontes internas da organização, porém a medida que a iniciativa prossegue e o engajamento avança, a informação deve ser monitorada e revisada durante toda a iniciativa de acordo com a contribuição e colaboração estabelecida com os *stakeholders* (Smith, 2000) (ACCOUNTABILITY, 2015).

Para a correta identificação de *stakeholders* é importante que sejam classificados os tipos em potencial e sejam levantados os *stakeholders* mais relevantes. Veja na figura 6.

Figura 6 – Principais atividades na identificação dos *stakeholders*

Fonte: Elaborado pelo autor 9

4.2.1.1 Classificar *stakeholders* em potencial

O primeiro passo na identificação dos *stakeholders* é estabelecer grupos de classificação em potencial. Na literatura especializada é possível encontrar diversos tipos de classificações que ajudam a realizar uma identificação em alto nível dos *stakeholders* em uma iniciativa, isso varia bastante e não há uma regra geral, podendo o analista de negócios / engenheiro de requisitos estabelecer a própria classificação de acordo com o que mais se adequa a sua realidade.

Uma clássica maneira de categorização de *stakeholders* é classifica-los em internos (entidades dentro de uma empresa, como por exemplo: funcionários, gerentes, diretoria e investidores) e externos (entidades que não pertencem ao negócio, porém estão preocupadas com seu desempenho, como por exemplo: consumidores, reguladores, investidores, fornecedores) (KAZMI; KAZMI, 1986).

Você pode adotar classificações mais amplas. Um exemplo, é utilizar a classificação de potenciais tipos de *stakeholders* que estabeleci ao longo dos anos. Este modelo pretende distinguir categorias na iniciativa para um melhor entendimento de quem poder ser o *stakeholder*, usando um mnemônico simples para memorização. A classificação possui onze grupos, onde cada grupo (nomeado em inglês) é representado por uma letra da palavra *stakeholder*. Esta classificação é bastante abrangente e tem como objetivo analisar as necessidades específicas que cada tipo normalmente possui, como *shopper* (S), *team* (T), *affected* (A), *knowledge* (K), *employee* (E), *helper* (H), *owner* (O), *legal* (L), *dominance* (D), *end-user* (E), *revenue* (R). Estes grupos estão detalhados na tabela 4.

Tabela 4 – Categorização dos tipos de *stakeholders* em potencial

	Tipos	Definição	Exemplo
S	SHOPPER (COMPRADOR)	Aqueles que são beneficiados/compram/ consomem/ bens ou serviços relacionados com a iniciativa ou seus resultados. Não é necessariamente o usuário final do produto desenvolvido pela iniciativa, mas é o cliente alvo. A quem se deseja vender/distribuir o produto ou que seja beneficiado pelo resultado da iniciativa.	a) Consumidor que baixa (pago e/ou gratuitamente) o software aplicativo que é resultado da iniciativa. b) Cliente de uma loja que é beneficiado pelo serviço da empresa que usa *software* e/ou *hardware* desenvolvido pela iniciativa. c) Pessoa ou grupo de pessoas que utiliza serviços públicos (transportes, parques, rodovias, segurança) que foi beneficiado pela iniciativa. d) Departamento Comercial/Compras responsável pelo estabelecimento do fluxo dos materiais na empresa, pelo seguimento junto ao fornecedor, e entrega.
T	TEAM (TIME)	Aqueles que representam os profissionais que atuam diretamente na realização da iniciativa, cooperaram, usam suas habilidades individuais e fornecem *feedback*.	a) Profissionais de tecnologia da informação envolvidos diretamente na iniciativa: • Analista de Negócios, • Arquiteto de Sistemas, • Desenvolvedores, • Equipe de suporte ao usuário, • Gerente de Projetos, • Testadores, • *Web Designers*. b) Profissionais da organização direcionados para atuar diretamente na iniciativa: • Especialistas, • Gerente de Portfólios/ Programas, • Gerente de Produtos, • Gerente Funcional, • Gerente de Operações.
A	AFFECTED (AFETADO)	Aqueles afetados diretamente ou indiretamente, positivamente ou negativamente, por uma decisão relacionada à iniciativa ou seus resultados.	a) Proprietários de imóveis que precisam ser removidos da área. b) Residentes que terão limitado acesso ao logradouro. c) Pessoas que devem ser informadas sobre eventos emergenciais.

CAPÍTULO 4 Engajamento 15

			d) Frequentadores de um local público (praça/parque) ou privado (empresa/condomínio) que será reformado.
K	*KNOWLEDGE* (CONHECIMENTO)	Aqueles que possuem conhecimento organizacionais ou especializados que são necessários para desenvolver a iniciativa.	a) Profissionais técnicos especializados e/ou certificados para realizar atividades específicas conforme necessidade da iniciativa ou conforme determinação contratual, como arquitetos, programadores, analistas e gestores. b) Profissionais com conhecimentos da organização e experiência em atividades específicas que serão impactados pela iniciativa. c) Profissional ou empresa que pode realizar treinamento necessário ao time envolvido na iniciativa.
E	*EMPLOYEE* (FUNCIONÁRIO)	Aqueles que são funcionários, especialmente em nível não-executivo, da empresa que está realizando a iniciativa.	a) Gestor do departamento de recursos humanos responsável por facilitar a comunicação entre os empregados e empresa em algum nível durante uma iniciativa. b) Funcionário que conhece processo interno da empresa relacionado com a iniciativa.
H	*HELPER* (AJUDANTE)	Aqueles que podem fornecer recursos para ajudar realização da iniciativa, os quais podem estar diretamente envolvidos nas operações da empresa. Membros de outras iniciativas na mesma empresa que podem ser incorporados temporariamente para remover alguma obstrução ou realizar alguma mediação necessária na iniciativa.	a) Empresas fornecedoras de bens e / ou serviços necessários para realização da iniciativa. b) Scrum *Masters*, gerente de projetos ou gerente de áreas integrados a outras iniciativas na mesma organização, mas aos quais é necessário que seja estabelecida algum nível de comunicação e negociação para continuidade da iniciativa (estabelecimento de prazos, liberação de profissionais/especialistas, remover impedimentos ou riscos).
O	*OWNER* (PROPRIETÁRIO)	Aqueles com posse legal, titulares que detêm ação, e representantes legais da empresa que está implementando a iniciativa, ou nomeados pelos mesmos com alto poder executivo de decisão.	a) CEO (*Chief Executive Officer*) b) Diretor da empresa c) Proprietários e associados d) Acionistas e) Pessoa que pode representar o proprietário com o devido poder registrado em procuração. f) Chefe, gerente ou líder de uma área da organização responsável por decisões executivas em uma iniciativa. g) Product Owner
L	*LEGAL* (JURÍDICO)	Aqueles envolvidos em algum evento de natureza jurídica que podem interferir na execução da iniciativa. Aqueles que podem ter os direitos violados com a iniciativa ou seus resultados.	a) Pessoa ou organização que move ação judicial (contra ou a favor da iniciativa). b) Pessoa ou organização envolvidas em manifestações ou atos ilegais que prejudicam a execução do projeto. c) Instituição ou órgão regulamentador responsável por emitir pareceres ou alvarás

			de permissão ou certificados exigidos em contratos ou pela lei vigente. d) Advogados responsáveis por avaliar contratos e acompanhar processos jurídicos. e) Cadeirante que exige mobilidade urbana (no local impactado pela iniciativa) conforme estipulado em lei vigente. f) Orgão público que pode emitir/alterar lei que impacta a realização da iniciativa.
D	DOMINANCE (DOMÍNIO)	Aqueles que tem alto poder de influência nos outros no âmbito na iniciativa. Uma pessoa, grupo ou indivíduo que mesmo que não esteja diretamente relacionado a iniciativa, pode ter influência ou peso significativo nas decisões em geral.	a) Gestores de áreas (não necessariamente ligadas a iniciativa) que tem poder de veto ou estipular prazos em ações dentro da empresa e que podem afetar a realização da iniciativa. b) Líderes que são admirados e seguidos por outros profissionais dentro de uma organização. c) Empresas concorrentes que influenciam no mercado da organização implementadora da iniciativa. d) Outras empresas, áreas ou departamentos que disponibilizam recursos necessários para a realização da iniciativa.
E	END-USER (USUÁRIO FINAL)	Aqueles que, em última instância, usa ou pretende usar um produto. Aqueles para quem um programa de software ou dispositivo de hardware foi projetado. Aqueles beneficiados pela usabilidade do produto. Não é necessariamente o cliente alvo do resultado da iniciativa, mas usa sistemas computacionais e produtos de software /hardware para atender as necessidades do cliente alvo da iniciativa.	a) Funcionários de uma empresa que irão utilizar software/hardware resultado da iniciativa. b) Pessoa que usa um assistente de voz/digital desenvolvido pela iniciativa. c) Proprietários de smartphones que utilizaram softwares desenvolvidos pela iniciativa. d) Outros sistemas que irá obter dados oriundos do sistema desenvolvido pela iniciativa (ou ainda que irá incluir dados diretamente).
R	REVENUE (RECEITA)	Aqueles com têm responsabilidade financeira ou apoiam financeiramente a iniciativa. Aqueles que liberam recursos financeiros e/ou requerem evidências de receita oriunda da iniciativa.	a) Departamento financeiro da empresa que está realizando a iniciativa. b) Empresa pública ou privada responsável pelos pagamentos estabelecidos em contrato para continuidade da iniciativa. c) Executivos de uma empresa, aos quais o analista de projeto deve defender a viabilidade de uma iniciativa.

Fonte: Elaborado pelo autor 10

A classificação e os exemplos acima descritos podem variar de acordo com a iniciativa e o ambiente em que o profissional está trabalhando. Outro ponto importante a ser salientado é que um *stakeholder* pode ser classificado em mais de um tipo. Por exemplo, é muito comum que *end-user* seja também classificado como *shopper*, e *revenue* como *owner*. Quando se está atuando em iniciativas mais complexas ou em grandes corporações, de acordo com a minha experiência, nota-se que estes papéis são mais distintos e classificá-los em diferentes tipos ajuda bastante em uma inicial identificação para posteriores análises.

Embora, os *stakeholders* classificados em mais de um grupo requeiram provavelmente maior atenção, posso dizer, que da lista acima, considero como mais importante o tipo *dominance*, pois é exatamente neste grupo onde estão os indivíduos que possuem e exercem maior influência sobre os outros *stakeholders* em uma iniciativa.

4.2.1.2 Levantar *stakeholders* relevantes

No segundo passo da identificação, apure quais são os *stakeholders* relevantes com base nos potenciais grupos de *stakeholders* classificados. Podemos considerar como *stakeholders* relevantes aqueles que (GLINZ; WIERINGA, 2007):

- São interessados no ativo na iniciativa, porque usarão ou estarão diretamente envolvidos nos processos relacionados.
- Irão gerenciar, introduzir, operar ou manter o produto da iniciativa após sua implantação.
- Estão envolvidos no desenvolvimento da iniciativa.
- São responsáveis pelo negócio ou processo relacionados.
- Possuem interesse financeiro.
- Podem restringir ou regular o produto da iniciativa.
- São afetados negativamente pelo sistema (os chamados *stakeholders* negativos).

O levantamento inicial pode ser obtido por meio de várias fontes utilizando-se de técnicas que auxiliarão na identificação, tais como:
- Análise de documentos – esta técnica que tem como base realizar a análise de documentação existente e acessível, para se obter os dados necessários, neste caso, para apurar potenciais *stakeholders*. (Veja Técnica 02 – Análise de documentos)
  Existem alguns tipos de documentação que embora não tenham sido elaborados exclusivamente com a finalidade de registrar os *stakeholders*, eles podem ser utilizados como fonte para a identificação dos mesmos. Estes documentos podem estar em poder da organização (fonte interna) ou podem ser oriundos de outras instituições (fontes externas). Em ambos os casos, deve-se obter

expressa autorização para se ter acesso e estar de acordo com os termos de confidencialidade previstos para o tal. Dentre estes documentos (os quais podem ser os mais distintos de acordo com a realidade da organização), podemos citar:

- Pesquisas e estudos de mercado – utilizada para identificar outras instituições semelhantes ou concorrentes, fornecedores e clientes alvos da organização que está realizando a iniciativa (Ver a Técnica 28 – Pesquisas).
- Contratos e acordos – utilizado para identificar os *stakeholders* envolvidos em contratos e acordos relacionados com a iniciativa, tais como empresas contratantes, clientes e representantes legais.
- Documentação de sistemas – utilizado para identificar usuários e/ou as partes beneficiadas, bem como sistemas (internos ou externos) relacionados com a iniciativa. Exemplo: códigos de programação, documentos de requisitos, documento de banco de dados, manual do usuário e documento de regras de negócios.
- Documentação de projetos – utilizado para identificar os *stakeholders* baseando-se no escopo, bem como times e gestores pré-estabelecidos para iniciativa. Exemplo: termo de abertura, declaração de escopo, plano de gerenciamento e lições aprendidas.
- Leis e regulamentos – utilizado para identificar, potenciais indivíduos ou grupos que podem ser afetados pela iniciativa, áreas protegidas por leis, bem como, instituições e órgãos regulamentadores.
- Plano da Análise de Negócios (ver a Técnica 25 – Plano da Análise de Negócios) este documento define o método para realizar atividades de Análise de Negócios no projeto, bem como, pode definir os inter-relacionamentos entre o analista de negócios e os *stakeholders*. Geralmente neste documento são listados quem são considerados os principais *stakeholders* na iniciativa ainda na fase de pré-projeto.

• Análise dos eventos de negócios – utilizado para descrever todas as ações individuais realizadas dos *stakeholders* durante a execução dos processos existentes nos negócios da organização (Veja a Técnica 03 – Análise dos eventos de negócio).
• Análise PESTLE – utilizada para identificar *stakeholders* multidisciplinares e relacionamentos pré-existentes (Veja a Técnica 05 – Análise PESTLE).
• *Brainstorm* – utilizado para identificar *stakeholders* envolvidos na iniciativa a partir da opinião de grupos de profissionais envolvidos na

iniciativa e que entendem o processo da organização e/ou escopo da iniciativa. (Veja Técnica 09 – *Brainstorming*)
- Entrevistas – utilizado para identificar *stakeholders* a partir da opinião individual de profissionais envolvidos na iniciativa e que entendem o processo da organização e/ou escopo da iniciativa. (Veja Técnica 12 – Entrevistas)
- Estrutura organizacional – utilizado para identificar os funcionários de uma empresa, bem como, a departamentalização, ou seja, a divisão por setores e as relações hierárquicas entre eles. (Veja Técnica 14 – Estrutura Organizacional)
- Modelo de processo de negócios – utilizado para identificar os *stakeholders* envolvido no processo da organização e que influenciam ou serão influenciados pela iniciativa. (Veja Técnica 24 – Modelo de Processo de Negócios)
- *Workshops* – utilizado para interagir com *stakeholders* relevantes e identificar novos grupos de *stakeholders*. (Veja Técnica 30 – *Workshops*)

4.2.2 Registro dos *stakeholders*

À medida que o levantamento dos *stakeholders* é executado o registro dos mesmos deve realizado. Este registro inicial pode conter poucos dados do *stakeholder*, mas que seja o suficiente para que uma análise mais detalhada possa ser subsequentemente iniciada.
Os dados que podem ser registrados neste momento são:
- Grupo – se possível determine a qual potencial grupo de *stakeholder* o mesmo pertence. Isso irá facilitar posteriormente a medir a influência, importância e prioridade do *stakeholder*.
- Cargo/Função – registre qual responsabilidade que o *stakeholder* têm na organização ou no âmbito da realização da iniciativa.
- Departamento/Área – para individuais *stakeholders*, registre qual área ou departamento que o mesmo possui vínculo profissional.
- Nome – registre os nomes dos *stakeholders* (o nome do indivíduo, grupo, organização ou título do sistema). Em caso de indivíduos, evite apenas registrar os títulos genéricos de cargos e funções. Saber o nome das pessoas pode facilitar em uma identificação e localização mais rápida das mesmas.
- Modo de contato – se possível registre como será possível entrar em contato com o *stakeholder* ou seu representante, inclua informações

tais como telefone ou *e-mail*, ou ainda se o contato deve ser indireto, por meio de outras pessoas que possam intermediar a conversação.

Para o registro de *stakeholders*, é possível utilizar as seguintes técnicas:
- Lista de *stakeholders* – Técnica utilizada para relacionar todos os *stakeholders* obtido no levantamento. Inicialmente pode se tornar uma longa lista de *stakeholders*, os quais possuem poucos dados, mas a medida que a iniciativa prossegue, e a análise de *stakeholders* é refinada, a lista pode reduzir o tamanho e as informações dos *stakeholders* se torna mais robusta. (Veja Técnica 16 – Lista de *Stakeholders*)
- Mapa Mental – testa técnica pode ser utilizada para registrar os *stakeholders* em um modo hierárquico onde é mostrado as relações entre as partes do todo, por meio de um diagrama que organiza visualmente as informações. (Veja Técnica 19 – Mapa Mental)

4.2.3 Análise dos *stakeholders*

O próximo conjunto de atividade após identificar os *stakeholders* e registra-los devidamente, é se aprofundar nas informações coletadas e realizar uma análise propriamente dita, onde são estudados os impactos e os riscos relacionados com os *stakeholders*.

4.2.3.1 Analisar impacto dos stakeholders

Na análise de impacto de *stakeholders* são observados os riscos eminentes que podem afetar a viabilidade da iniciativa ou causar obstáculos durante a execução da mesma.

Alguns pontos que podem ajudar nesta análise, é verificar se o *stakeholder*:
- Se importa (em algum nível de interesse) com a iniciativa?
- Será afetado (direta ou indiretamente) pelo ou durante a execução da iniciativa?
- Pode beneficiar a realização da iniciativa de alguma maneira?
- Pode interferir ou prejudicar a realização da iniciativa de alguma maneira?
- Conhece, realiza ou realizará alguma atividade relacionada ao processo interligado com a iniciativa?
- É tomador de decisões dentro do escopo da iniciativa?
- Precisa ser comunicado sobre o andamento da iniciativa?

- Tem alguma prioridade no atendimento das necessidades?
- Pode impactar alguma meta estabelecida na iniciativa?
- Exerce alguma influência (explicita ou implícita) sob outros *stakeholders* ou sob algum processo que influencia o resultado da iniciativa?

Esta análise busca averiguar o quanto de impacto os *stakeholders* possuem na iniciativa (prioridade, importância e influencia). Considere para cada *stakeholder* ou grupo quais são os efeitos (positivos ou negativos) e intenções percebidas pelos mesmos para com o resultado da iniciativa, ou ainda durante a realização da mesma.

4.2.3.1.1 *Stakeholders* prioritários

A prioridade de um *stakeholder* pode variar de acordo com a iniciativa. Se em alguns casos, os *stakeholders* com prioridade seguem a hierarquia de poder da empresa, onde o proprietário ou diretor da organização está no topo, em outros casos, os *stakeholders* que requerem prioridade podem ser os profissionais de uma área com um sistema e/ou processos deficitários que precisam urgentemente propiciar melhor qualidade no atendimento aos clientes.

Geralmente a definição das prioridades é definida pela organização que está realizando a iniciativa, podendo ser resultado de alguma análise realizada anteriormente, e que pode ter contado ou não com a participação do analista de negócios / engenheiro de requisitos. De qualquer forma, caso seja necessário definir qualquer prioridade durante a análise de *stakeholders*, é necessário que a organização esteja envolvida na decisão e todo o time da iniciativa seja comunicado.

4.2.3.1.2 *Stakeholders* importantes

São considerados *stakeholders* importantes aqueles que possuem uma estreita relação com a continuidade da iniciativa.

Importância é frequentemente derivada da relação do *stakeholder* com os objetivos e propósitos do projeto. Por exemplo, o departamento de recursos humanos pode ser essencial para obter novos recursos, e o departamento financeiro pode ser fundamental para manter as finanças da iniciativa. Porém, algo que não se pode discordar é que os *stakeholders* que são usuários do produto da iniciativa devem sempre ser considerados como de alta importância (Smith, 2000).

4.2.3.1.3 *Stakeholders* influenciadores

Influência é o poder que um indivíduo possui para facilitar ou dificultar a obtenção dos objetivos de alguma atividade relacionada com a iniciativa. Como definido anteriormente, o *stakeholder* é uma pessoa, grupo, ou organização afetada ou que influencia os requisitos em uma iniciativa, porém, existem os *stakeholders* que exercem maior influência estratégica, operacional ou na tomada de decisão, os quais chamamos de influenciadores. Geralmente, essa influência é oriunda da posição hierárquica, econômica, social ou política do *stakeholder*, embora muitas vezes aqueles que possuem conexões pessoais com outros influenciadores também se qualifiquem como tal. Podemos ainda incluir outros indicadores para constituir influência, como conhecimento especializado, habilidades de negociação, construção de consenso, carisma, detentores de recursos estratégicos e etc. (Smith, 2000).

As relações de poder exercidas por *stakeholders* é um assunto amplo que abrange várias vertentes. Poder é uma forma de controle que pode ser dividida em influência e controle social. Enquanto controle social está relacionado diretamente ao uso de autoridade (persuasão, sanções e isolamento), a influência está relacionada com a manipulação de recursos (humanos, intelectuais e materiais). Isso pode estabelecer uma relação complexa entre os *stakeholders* porque em uma organização é mais provável que os membros que compõe um nível mais alto na hierarquia exerçam um certo tipo de influência, mas ocasionalmente, quando participantes de um nível inferior têm o direito de tomar decisões específicas, e possuem ou controlam recursos de alguma forma, podem se tornar influenciadores. E por vezes, quando isso acontece, é comum que *stakeholders* de nível mais alto exerçam poder de controle social contra as tentativas de influência dos *stakeholders* de nível inferior (Grimes, 1978).

Na análise de *stakeholders* é importante identificar quem são os influenciadores, bem como, as relações de poder existentes na organização. Geralmente é mais fácil identificar quais são os *stakeholders* que exercem controle social, pois são aqueles que estão presentes nos contratos e acordos assinados, bem como, definidos no modelo organizacional da empresa. Já os *stakeholders* que exercem influência são mais difíceis de identificar, justamente porque nem sempre os mesmos estão definidos de forma clara ou estão suprimidos implicitamente pela hierarquia definida na organização.
Uma maneira de identificar influenciadores, é perceber quais são os indivíduos que falam em nome de um grupo em reuniões, bem como, aqueles que geralmente são procurados por outros *stakeholders* para fornecer informações, orientações e conselhos (IIBA, 2015).

A base da influência está nos recursos pertencentes ou controlados pelos *stakeholders* (por virtude, posição ou características pessoais). No final, são os influenciadores que determinam como os recursos serão usados. Geralmente a influência é exercida por três meios (Grimes, 1978):
- Persuasão – quando o influenciador tenta literalmente mudar a mente dos demais. É baseado na convicção de que o argumento do influenciador está correto ou na satisfação intrínseca que vem de agradar o influenciador.
- Benefícios – quando o influenciador consegue o controle transferindo recursos que o mesmo possui ou controla. Em organizações, os recursos mais prováveis, para ser usado nesta transferência, estão interligados com relações de trabalho e cooperação.
- Restrições – quando o influenciador influi no acréscimo de desvantagens ou até mesmo pode ajudar na remoção de recursos tangíveis. Neste caso, o influenciador é capaz de manipular recursos, por meio de incentivos e restrições, para obstruir o sucesso da iniciativa, até que consigam atingir seus objetivos próprios.

Compreender a influência do *stakeholder* é essencial para o sucesso da iniciativa, especialmente em casos onde existem relacionamentos complexos entre os mesmos (LIANG et al., 2017). Influenciadores podem afetar o estado atual, forçar mudanças no estado futuro e causar mudanças na estratégia, requisitos e *design* da iniciativa. O entendimento de como a influência está disposta em uma organização pode ajudar a desenvolver estratégias para obter adesão e colaboração, bem como, construir relacionamentos de confiança. Para obter o nível de suporte necessário por parte dos influenciadores, é necessário avaliar o quanto de influência é necessário para implementar uma mudança e o quanto de influência que os principais influenciadores podem oferecer (IIBA, 2015).

Para ajudar nesta análise, podemos considerar as seguintes técnicas:
- Análise de Documentos – analisar por meio de documentação existente e acessível, o interesse, impacto e prioridade dos *stakeholders*. (Veja a Técnica 02 – Análise de documentos)
  Dentre estes documentos, podemos citar:
    - Contratos e Acordos – utilizado para identificar relações de interesse e poder entre os grupos de *stakeholders*.
    - Documentação de Sistemas – utilizado para identificar usuários com interesse na realização na iniciativa.

- Leis e Regulamentos – utilizado para identificar *stakeholders* que podem com interesses (positivos ou negativos) na realização da iniciativa.
- *Brainstorming* – utilizado para obter ideias e reflexões sobre interesse, impacto e prioridade dos *stakeholders* por meio de uma dinâmica de grupo que envolvem alguns profissionais envolvidos na iniciativa e que entendem o processo da organização e/ou escopo da iniciativa (Veja a Técnica 09 – Brainstorming).
- Entrevistas – utilizado para sobre interesse, impacto e prioridade dos *stakeholders* a partir da opinião individual de alguns profissionais envolvidos na iniciativa e que entendem o processo da organização e/ou escopo da iniciativa (Veja a Técnica 12 – Entrevistas).
- Estrutura Organizacional – utilizado para identificar as relações de interesse e poder de impacto em decisões entre os grupos de *stakeholders* (Veja a Técnica 14 – Estrutura Organizacional).
- Lista de *stakeholders* – utilizado para registrar, consultar e incluir os dados dos *stakeholders*. (Veja a Técnica 16 – Lista de Stakeholders).
- Mapa da jornada dos *stakeholders* – utilizado para visualizar a experiência holística do *stakeholder* em todos os canais e pontos de contato (Veja a Técnica 17 – Mapa da Jornada dos Stakeholders).
- Mapa de Poder e Interesse – permite analisar onde os *stakeholders* de acordo com critérios chave e comparados entre si (Veja a Técnica 18 – Matriz de Poder e Interesse).
- Mapa mental – utilizado para analisar o impacto e interesses por meio das relações entre os grupos de *stakeholders* (Veja a Técnica 19 – Mapa Mental).
- Mapa de empatia– utilizado para obter uma compreensão dos *stakeholders*, explorando diferentes aspectos e incluindo diferentes sentidos (Veja a Técnica 20 – Mapa de Empatia).
- Modelo de Processo de Negócios – utilizado para analisar o impacto dos *stakeholders* no processo (Veja a Técnica 24 – Modelo de Processo de Negócios).
- Personas – usado para criar representações confiáveis e realistas dos *stakeholders* para referência (Veja a Técnica 27 – Personas).
- *Workshops* – usado para interagir com *stakeholders* chaves e obter informações sobre os mesmos por meio de um evento estruturado e facilitado (Veja a Técnica 30 – *Workshops*).

4.2.3.4 Analisar riscos relacionados com os *stakeholders*

Em uma iniciativa, a partir de que se tem a compreensão do escopo é possível começar a identificar riscos, os quais são as incertezas que podem afetar um ou mais objetivos esperados (HILLSON, 2009). É comum que o gerente de projetos seja o responsável por realizar a gestão de riscos e manter o registro de riscos, onde é documentada a análise dos riscos (incluindo lista de riscos, categorias, lista das respostas em potencial e causas raiz), a qual é periodicamente revisada e atualizada. Porém, uma tarefa importante durante a análise de *stakeholders* é realizar um estudo dos riscos consideráveis e inerentes aos *stakeholders*, os quais podem afetar a iniciativa de alguma forma.

O objetivo é expor e documentar todos os riscos (atualmente) conhecidos e reconhecer que outros riscos (ainda desconhecidos) podem aparecer durante a iniciativa, por meio de um processo interativo e que dever ser revisitado várias vezes durante a iniciativa (HILLSON, 2009).

Quando tratamos de *stakeholders*, geralmente os riscos são manifestados quando existem necessidades e expectativas conflitantes dos mesmos com o objetivo da iniciativa. Uma maneira para conseguir visualizar estes riscos é esclarecer os papéis e responsabilidades de *stakeholders* não especificadas ainda, criar cenários hipotéticos (usando necessidades e expectativas não atendidas) e verificar novamente a plausibilidade das suposições feitas até o momento (Smith, 2000). Segue abaixo, alguns fatores de risco que podem estar associados aos *stakeholders* durante o ciclo de vida de uma iniciativa:

- Aqueles que não seguem o cronograma da iniciativa – o cronograma da iniciativa deve estar alinhando com a disponibilidade do *stakeholder*, para acomodar todas as atividades relacionadas com Análise de Negócios e Engenharia de Requisitos. *Stakeholders* que não possui tempo suficiente para atender a iniciativa ou de alguma forma vão contra os prazos estipulados e planejados podem ser potenciais geradores de riscos para o cronograma da iniciativa. O cronograma seguido pelos *stakeholders* devem estar, na medida do possível, em sintonia com o cronograma da iniciativa.
  Stakeholders que não conseguem definir uma estimativa ou geram atrasos para entrega de serviços/produtos devem ser considerados como risco para a iniciativa, pois pode afetar o prazo, o custo e a qualidade do produto.
- Aqueles que variam de opinião constantemente – *stakeholders* que mudam de ideia constantemente, podem resultar em riscos que atingem diretamente a qualidade do resultado da iniciativa. Variações podem resultar da mudança de mentalidade dos *stakeholders*, algum

mal-entendido ou ainda uma interpretação errônea das necessidades dos mesmos. Podemos ainda considerar como um risco os *stakeholders* que pertencem a organizações que mudam constantemente de profissionais durante a iniciativa, o que pode causar a perda de informações.

- Aqueles com altas expectativas – os *stakeholders* que possuem altas expectativas de qualidade e desempenho da iniciativa podem representar riscos que implicam no entendimento da real necessidade da organização. Nem sempre o que um *stakeholder* em específico espera, é o que realmente está acordado em contrato ou é o que deve ser feito para atingir o resultado suficiente. Quando o resultado do projeto alcançado está em desiquilíbrio com o mercado e as necessidades dos *stakeholders*, pode-se gerar ruídos no que é esperado por ambas as partes.
- Aqueles responsáveis por burocracias – *stakeholders* que são responsáveis por aprovação ou disponibilização de documentos necessários podem representar riscos para a continuidade da iniciativa. Isso pode estar associado ao gerenciamento das rotinas do projeto (preparação de documentos como acordos, contratos, formais autorizações e etc.) e burocracias do governo (aprovação oriundas de agências governamentais).
- Aqueles que fornecem informações inadequadas ou insuficientes – stakeholders que podem fornecer informações inadequadas, insuficientes e até mesmo errôneas (propositalmente ou ingenuamente), devem ser considerados como fatores de riscos, já que isso pode prejudicar o entendimento das necessidades e a entrega do produto diferente do esperado.
- Aqueles que não cooperam – líderes, coordenadores, chefes de departamento ou influenciadores que representam algum grupo de *stakeholders*, ou qualquer outro importante *stakeholder* que não é favorável a iniciativa, devem ser considerados como fatores de riscos, pois os mesmos podem dificultar qualquer cooperação e comunicação importante para a iniciativa.
- Aqueles sem representantes – grupos de *stakeholders* que não são representados por uma liderança ou influenciador representam riscos. A variância de opiniões pode causar diferentes dados e dificultar a obtenção de um consenso sobre a necessidades da iniciativa.
- Aqueles envolvidos em disputas – stakeholders que estão envolvidos em algum tipo de disputa relacionada a iniciativa são fatores de risco. Isso pode ser oriundo desde uma disputa interna de poder na organização (o que pode causar indefinições sobre os indivíduos

influenciadores dentro da iniciativa) ou até mesmo uma disputa judicial impetrada por *stakeholders* contrários a iniciativa (que podem causar paralização ou alteração de escopo da iniciativa).

Para ajudar na identificação e análise de riscos relacionados com os *stakeholders*, usa-se as mesmas técnicas utilizadas pela gestão de riscos da iniciativa. Os riscos identificados podem ser incorporados ao registro de riscos (documento mantido pelo gestor de riscos, o qual contêm os resultados das análises qualitativa e quantitativa, e do planejamento de respostas a riscos), parte do processo de gerenciamento de riscos da iniciativa.

Confira abaixo algumas técnicas que podem ser utilizadas para identificação e análise dos riscos:

- Análise da causa raiz – técnica utilizada para determinar as causas-raiz para os riscos identificados. Essas causas são usadas para identificar riscos adicionais (Veja a Técnica 01 – Análise da causa raiz).
- Análise de Documentos – técnica utilizada como uma prática padrão para identificar riscos, revisando documentos relacionados ao projeto (Veja a Técnica 02 – Análise de documentos).
- Análise de suposições – técnica que permite a identificação de diferentes pressupostos do projeto e a determinação da sua validade ajudam na identificação de riscos para a iniciativa. (Veja Técnica 04 – Análise de suposições)
- Análise SWOT – técnica utilizada para analisar os pontos fortes e fracos da iniciativa e a partir de então identificar os riscos (Veja a Técnica 06 – Análise SWOT).
- Avaliação de qualidade dos dados de risco – técnica para coletar dados dos riscos identificados, para a análise qualitativa dos riscos (Veja a Técnica 07 – Avaliação de qualidade dos dados de risco).
- Brainstorming – técnica utilizada para identificar riscos para o projeto com um grupo de pessoas (Veja a Técnica 09 – Brainstorming).
- Delphi – técnica onde uma equipe de especialistas é consultada anonimamente para obter informações sobre a iniciativa em consenso (Veja a Técnica 11 – Delphi).
- Entrevistas – técnica utilizada para identificar riscos por meio de entrevistas com participantes da iniciativa, especialistas, etc. (Veja a Técnica 12 – Entrevistas).
- Matriz de probabilidade e impacto – técnica que consiste na elaboração de uma matriz para identificar e analisar os riscos que exigem resposta imediata (Veja a Técnica 22 – Matriz de Probabilidade e Impacto).

4.3 Realizar a comunicação com os *stakeholders*

A comunicação é a fundação para o estabelecimento de relações entre grupos de *stakeholders* em uma organização, e o modo de como a comunicação é realizada nestes grupos é crucial para o sucesso de uma organização (HUBER; PALLAS, 2006). O estabelecimento de uma ponte de comunicação com os *stakeholders* é a chave para obter engajamento e colaboração. Neste intuito, é importante desenvolver um plano de comunicação que seja breve, conciso, focado e entendível (FERGUSON, 1999).

Uma abordagem de comunicação planejada deve ser orientada por políticas da organização para fornecer informações aos interessados. O papel da abordagem de comunicação é definir formalmente quem são aqueles que devem receber informações específicas, quando essas informações devem ser fornecidas e também quais os canais de comunicação que serão usados para fornecer as informações.

Em geral, em uma comunicação podemos considerar os seguintes métodos de comunicação (KARTEN, 2016):

- Empurrar – quando o remetente envia uma informação para um ou mais receptores
- Puxar – quando o remetente deseja obter ou recuperar alguma informação do receptor.
- Interativo – quando o remetente e o receptor estão simultaneamente dividindo informações e trocando de papéis (remetente e receptor).

4.3.1 Estabelecendo uma comunicação de qualidade com *stakeholders*

Embora seja redundante, é preciso salientar e deixar bem claro que para o analista de negócios / engenheiro de requisitos, a comunicação com os *stakeholders* é focada somente no compartilhamento de informações referentes a Análise de negócios e Engenharia de Requisitos, demais comunicações geralmente são atribuídas aos gestores da iniciativa. Sendo assim, é responsabilidade dos mesmos adicionar aos planos de comunicação da iniciativa detalhes da abordagem que seja adotada durante Análise de Negócios e Engenharia de Requisitos, permitindo que os *stakeholders* entendem antecipadamente as responsabilidades e métodos adotados no compartilhamento das informações durante toda a iniciativa.

A realização da comunicação deve ter como base um plano previamente acordado, porém, pode ser que o plano necessite ser revisado e alterado de acordo com alguma mudança apresentada ou requerimento de alguma parte envolvida durante o ciclo de vida da iniciativa. O plano funciona como um guia, porém, uma comunicação de qualidade que traga benefícios para a iniciativa, vai além de por em prática a abordagem planejada, está em estabelecer uma relação direta e transparente com o *stakeholders*, entendendo que as necessidades da organização refletidas na comunicação devem estar em sintonia com as necessidades dos *stakeholders*.

Aqui estão algumas sugestões que podem ajuda-lo a estabelecer uma comunicação de qualidade:

- A abordagem de comunicação planejada deve ser entendida por todos – o plano de comunicação, deve ser de conhecimento de todos os *stakeholders* envolvidos no projeto.
- Estabeleça grupo de apoio a comunicação – reconheça os principais *stakeholders* que podem ajudá-lo a compartilhar a informação mais rápido, formando um grupo de apoio na comunicação da iniciativa. Isso geralmente se aplica a líderes, gestores e influenciadores.
- Monitore a estrutura de comunicação – assegure que os métodos e ferramentas utilizadas na comunicação estão funcionado adequadamente para atender os *stakeholders* e as necessidades da iniciativa.
- Construa relações profissionais – mantenha uma comunicação cordial, seguindo os níveis de formalidade e hierarquias dentro da organização e construa relações de comunicação baseadas no respeito e profissionalismo.
- Ter uma escuta ativa – use esta técnica para confirmar a compreensão em uma conversa com *stakeholders*, promover boas relações de trabalho e contribuir como apoio positivo em uma negociação ou resolução de conflito (Ver a Técnica 13 – Escuta ativa).
- Converse pessoalmente - É mais eficiente e eficaz transmitir informações para e dentro de uma equipe de desenvolvimento através de uma conversa cara a cara (BECK et al., 2001).

4.4 Realizar a colaboração de *stakeholders*

Geralmente percebe-se que o engajamento planejado contribuiu para a Análise de Negócios e Engenharia de Software quando está estabelecida uma colaboração mútua entre os *stakeholders*. Isto inclui também a participação de *stakeholders* que são relutantes durante a definição dos requisitos, pois é importante por meio do engajamento, estabelecer relacionamento com aqueles que podem oferecer obstáculos às mudanças, para entender suas necessidades reais, abrir portas para negociações e prever riscos à iniciativa.

Considero com um importante fator para a colaboração, o entendimento pelo *stakeholder* sobre a importância da iniciativa. Apenas enviar e-mails informativos, por exemplo, não cooperará o suficiente para que os *stakeholders* absorvam adequadamente o valor da iniciativa e a importância da participação destes durante todo o processo de engajamento. Por isso, é crucial o desenvolvimento de atividades, reuniões, *workshops* e a participação dos *stakeholders* em momentos de decisão.

Considere envolver os *stakeholders* o quanto mais for possível nas atividades da iniciativa. Estudiosos em aprendizagem dizem que em geral a retenção de informação do ser humano corresponde a 10% do que lemos, 20% do que ouvimos, 30% do que vemos, 50% do que ouvimos e vemos, 70% do que dizemos e escrevemos e 90% do que realmente participamos (MORRISON et al., 2009). O que significa que quanto maior o envolvimento, mais aprendemos e lembramos a longo prazo.

4.4.1 Colaboração versus gestão

Considero ideal que o profissional de Análise de Negócios / Engenharia de Requisitos participe somente da colaboração de *stakeholders* e não desempenhe atividades relacionadas a gestão de *stakeholders*, isso deve ser o papel dos gestores que atuam na iniciativa. Porém vale a pena entender a diferença básica entre estas perspectivas, para não fazer associações entre ambas erroneamente. Confira as diferenças entre gestão e colaboração na figura 7.

Figura 7 – Gestão de *stakeholders* versus Colaboração de *stakeholders*

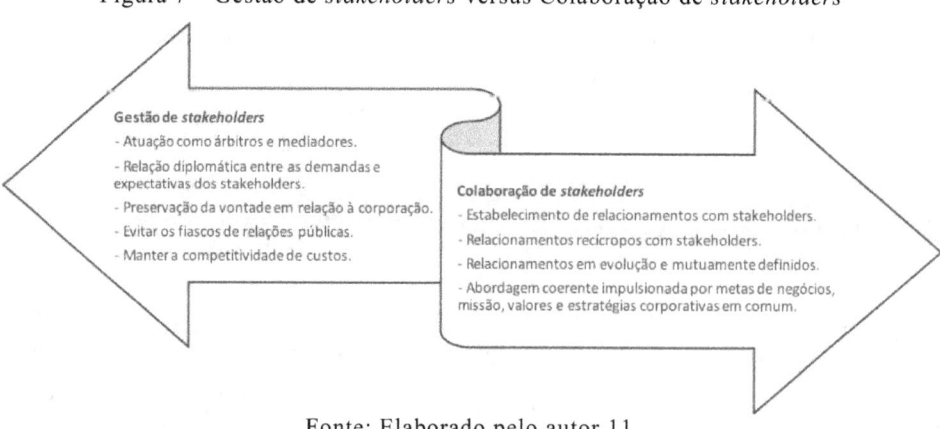

Fonte: Elaborado pelo autor 11

A abordagem de gerenciamento de *stakeholders* tem origem na crença de que as organizações precisam tomar medidas para se defender das demandas dos *stakeholders*, onde os gerentes atuam como árbitros. Executando uma mediação habilidosa e diplomática entre as demandas e expectativas dos *stakeholders*, a fim de preservar a boa vontade em relação à corporação, evitar os fiascos de relações públicas e manter a competitividade de custos, onde a implementação idiossincrática dependente de interesses de divisão e estilo pessoal do gerente.

Enquanto isso, a colaboração de *stakeholders* busca o estabelecimento de relacionamentos com *stakeholders*, os quais devem ser recíprocos, em evolução e mutuamente definidos. Baseando-se em uma abordagem coerente impulsionada por metas de negócios, missão, valores e estratégias corporativas comuns (SVENDSEN, 1998).

Resumidamente, podemos concluir que a gestão de *stakeholder* pretende gerir relacionamentos, e a colaboração de *stakeholders* foca em construir relacionamentos.

4.4.2 Fatores que compõe a colaboração de *stakeholders*

Podemos considerar que a colaboração é o resultado de uma análise de *stakeholders* bem realizada e do estabelecimento de uma comunicação, o qual deve ser regido por um plano de engajamento que define as abordagens adotadas na análise de requisitos e Engenharia de Requisitos.

Porém, qualquer ambiente em que uma colaboração dos *stakeholders* acontece pode conter uma diversidade de fatores que podem influenciar positivamente ou negativamente a construção de relações na iniciativa. Enquanto alguns fatores ajudam a construir confiança e cooperação espontânea, outros fatores pode casar uma inércia na participação dos *stakeholders*. Considera-se que existem três grupos de fatores (vínculos significativos, caraterísticas estruturais e questões processuais) que contribuem para a vantagem ou inércia colaborativa (SAVAGE et al., 2010). Por isso, quando estiver desenvolvendo as abordagens e estratégias para a colaboração dos stakeholders leve em consideração os seguintes grupos de fatores:

- Vínculos significativos:
    - Senso comum do grau de similaridade de objetivos (missão, estratégia e valor).
    - Incertezas colaborativas percebidas devido a ligações passadas e parcerias de reciprocidade.
    - Benefícios organizacionais associados com a interdependência dos *stakeholders* e acordos de incentivo a colaboração percebidos.

- Benefícios público associado ao comando da colaboração de *stakeholders* externos a organização.
- Incerteza ambiental como moderadora entre confiança e o desempenho de alianças.

• Características estruturais:
  - Compartilhando o poder através da tomada conjunta de decisões.
  - Experiência cultural semelhante.
  - Integração e responsabilização (contratos relacionais versus contratos formais).
  - Aliança baseada em uma estrutura de rede de relacionamentos (Exemplo: papéis institucionais, diversidade, proximidade geográfica).
  - Possuir recursos adequados para realização da iniciativa.

• Questões processuais:
  - Comunicação realizada com apoio organizacional.
  - Liderança visionária associada à resolução de conflitos e clima organizacional favorável.
  - Clima organizacional favorável e resolução de conflitos baseados na conscientização das metas, serviços e recursos.
  - Confiança mútua baseada em relações interpessoais entre os stakeholders.

4.4.2 Construindo relacionamentos colaborativos

Considerando que o ponto chave da colaboração é estabelecer relacionamento de confiança com os *stakeholder*, será mais fácil se você estabelecer um método para esta finalidade. Um exemplo é seguir passos, conforme o que é estabelecido por Ann Svendsen em seu livro *"The Stakeholder Strategy: Profiting from Collaborative Business Relationships"* (Tradução livre: A estratégia dos *stakeholders*: lucrando com relacionamentos de negócios colaborativos). O método é composto por quatro partes que são repetidos para acrescentar ajustes à abordagem da colaboração. Este visa construir relacionamentos colaborativos com *stakeholders*, por meio de um alinhamento com a visão estratégica da organização, com a participação dos *stakeholders* e com constantes revisões para aprimoramento (SVENDSEN, 1998). Confira na figura 8.

Figura 8 – Método para construir relacionamentos colaborativos

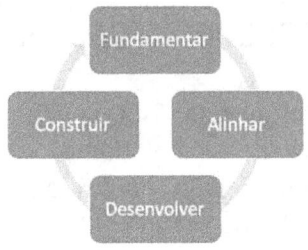

Fonte: Elaborado pelo autor 12

- Fundamentar – criar um fundamento com a participação dos *stakeholders*, estabelecer a colaboração como uma direção estratégica da organização, onde missão e valores são revisados e atualizados para atender a construção de relacionamentos.
- Alinhar – alinhar objetivos na organização a partir da visão dos *stakeholders*, identificando inconsistências e realizando alterações necessárias.
- Desenvolver – elaborar uma estratégia de colaboração baseados nas melhores práticas, de acordo com as prioridades e necessidades do *stakeholders*.
- Construir – estabelecer uma confiança e manter a troca de informação, manter clara as expectativas, perspectivas, papéis, responsabilidades, objetivos e prazos, identificar metas em comum, desenvolver estruturas organizacionais de apoio, identificar e resolver conflitos, ter recursos disponíveis e começar a desenvolver e realizar entregas.
- Avaliar – definir meios de auditaria do processo de colaboração, bem como, celebrar os sucessos e aprender com os erros.

Outros exemplos de maneiras para construir relacionamentos colaborativos estão nos princípios do Manifesto Ágil (BECK at al., 2001) para desenvolvimento de software. Este estabelece que as pessoas de negócios e desenvolvedores devem trabalhar juntos diariamente durante todo o projeto, o qual deve ser criado em torno de indivíduos motivados, dando a eles o ambiente que eles precisam e a confiança para a execução do trabalho.

Caso não esteja estabelecido pela gestão da iniciativa uma abordagem de colaboração, é importante salientar que o analista de negócios / engenheiro de requisitos deve conseguir primeiramente o apoio de gestores e *stakeholders* influenciadores para a adoção de alguma abordagem, já que isso vai demandar tempo e participação de outros profissionais da organização.

4.5 Monitorar o engajamento dos *stakeholders*

Como apresentado nos capítulos anteriores, lidar com *stakeholders* envolve várias atividades que começa com a elaboração de um plano e segue para a execução do engajamento planejado, porém, como você pode concluir se o engajamento está realmente ocorrendo? A respostar é: monitorar se as atividades estão sendo adequadamente realizadas, bem como, se os papéis e responsabilidades estabelecidos estão sendo desempenhados.

O Guia BABOK® (IIBA, 2015) estabelece que é de reponsabilidade do analista de negócio monitorar a participação e o desempenho dos *stakeholders* para garantir que os mesmos:

- Participem efetivamente da iniciativa.
- Possuam atitudes e interesses permanentemente constantes ou melhorando.
- Confirmem os resultados do levantamento de requisitos em tempo hábil.
- Mantenham os acordos que foram firmados.
- Foquem no seu papel e não sejam desviadas para outro trabalho.
- Atuam em atividades de levantamento de requisitos fornecendo a qualidade necessária.
- Cumpram prazos das devidas aprovações.

Os itens acima são importantes pontos de observação e podem ser controlados por meio do registro de ocorrências, pela mensuração e avaliação do engajamento, bem como, pela revisão do plano de engajamento (figura 9).

Figura 9 – Atividades monitoração do engajamento dos *stakeholders*

Fonte: Elaborado pelo autor 13

4.5.1 Registrar ocorrências de engajamento

O registro de ocorrências da iniciativa, seja por meio de sistemas de informação ou por meio de alguma documentação oficial, é o primeiro passo para realizar um correto monitoramento do engajamento dos *stakeholders*. Em adição ao registro das ocorrências durante a realização das atividades, pode ser realizada outras atividades, além da aplicação de técnicas para obter mais informações necessárias. O objetivo é obter um vasto registro de pontos em relação à qualidade do processo de engajamento e conquistas concomitantes.

Para obter dados para uma adequada mensuração, é necessário que se mantenha o controle das atividades relacionadas com o engajamento dos *stakeholders*, isso inclui as atividades no âmbito da Análise de Negócios e Engenharia de Requisitos. No entanto, é importante manter documentos periódicos com data, status e questões específicas levantadas pelos stakeholders. Os seguintes dados podem ser registrados com este fim:

- Problemas e resoluções registradas nas atas de reuniões.
- Relatórios periódicos.
- Registro de feedback dos principais *stakeholders* (obtidos por meio de entrevistas, pesquisas e questionários, contendo amostras de pessoas afetadas).
- Registo de reclamações.

4.5.2 Medir e avaliar engajamento

Embora ainda exista uma lacuna em estudos que se aprofundem na teoria e d prática de métricas que possam ajudar nesta avaliação de forma geral, podemos considerar alguns aspectos que podem ser medidos, bem como, algumas técnicas que podem ser utilizadas com intuito de mensurar o engajamento dos *stakeholders* (MARTINS; NETO, 2017).

É importante que o engajamento seja avaliado, com base em dados reais obtidos durante a iniciativa, com o objetivo de manter o grau de envolvimento planejado, por isso leve em consideração indicadores como:

- Nível de compreensão – o quanto a iniciativa está sendo entendida pelos *stakeholders* baseados no objetivo em comum.
- Nível de colaboração – como está o envolvimento dos *stakeholders* em comitês, atividades conjuntas e na iniciativa em si, o atendimento de *stakeholders* em reuniões, e os erros causados por informação fornecida erroneamente pelo *stakeholder*.
- Nível da resolução de problemas – o número de questões, problemas, defeitos oriundos da análise de requisitos e as resoluções relacionadas, a

mitigação de conflitos entre os *stakeholders* da iniciativa, e a implementação de acordos coletivos.
- Nível da comunicação – a eficácia da comunicação estabelecida para o levantamento, a análise e a aprovação de requisitos.
- Nível de suporte – como está o apoio dos *stakeholders*, incluindo o time da iniciativa e superiores, para executar as atividades, e o atendimento de mudanças requisitadas pelo *stakeholders*;
- Nível de atendimento dos prazos – o quanto tem sido respeitado as datas limite para entrega, revisão e aprovação de documentos.

Geralmente métricas em uma iniciativa são criadas para controle gerencial, porém pode ser que outros *stakeholders* também se interessem por esses dados – se isso acontecer significa que estes estão realmente engajados – e por isso é importante que a apresentação desta informação se adeque de acordo com a nível de comunicação estabelecida com os diferentes tipos grupos de *stakeholders*. Em geral, ao determinar métricas para medir o engajamento, considere (BAUGH, 2015):
- Métricas que são simples de rastrear e que não acrescente trabalho desnecessário ao time.
- Métricas que sejam fáceis de reportar e possibilitem rápidas atualizações pelos *stakeholders*.
- Métricas de fácil entendimento de modo que todos tenham o mesmo entendimento.

Lembre-se que a medição e análise devem levar em consideração o que foi determinado no plano de engajamento de *stakeholders*, o qual deve está alinhando com as estratégias da organização e objetivo da iniciativa. Tudo isso adequado as necessidades apresentadas pelos stakeholders. Para ajudar nesta medição e consequente na análise, considere as seguintes técnicas:
- Análise de documentos – utilize esta técnica para analisar documentos onde é possível obter dados sobre engajamento, como por exemplo listas de participação em reuniões e registros de reclamações realizadas (Veja Técnica 02 – Análise de documentos).
- *Balanced Business Scorecard* – utilize para o estabelecimento de um melhor relacionamento com os *stakeholders*, bem como, para a melhoria do domínio sobre os dados de negócio relacionados à iniciativa (Ver a Técnica 08 – *Balanced Business Scorecard*).
- Gestão da realização de benefícios – utilize esta técnica para coletar informações e reunir requisitos, durante uma mudança na iniciativa, dando suporte a equipe de trabalho e *stakeholders* envolvidos na iniciativa (Veja a Técnica 15 – Gestão da realização dos benefícios).

- Matriz de avaliação do nível de engajamento – utilize esta técnica com o objetivo de identificar lacunas entre os níveis de engajamento atual e o desejado (Veja Técnica 21 – Matriz de avaliação do nível de engajamento)
- Entrevistas, pesquisas e questionários – utilize estas técnicas para obter dados diretamente pelo *stakeholders* de como como o engajamento está sendo percebido pelos mesmos (Veja Técnica 12 – Entrevistas, Técnica 28 – Pesquisa e Técnica 29 – Questionário).

4.5.3 Revisar plano de engajamento

O monitoramento também envolve analisar e avaliar possíveis mudanças no plano de engajamento de *stakeholders*. De acordo com os dados que foram coletados, medidos e analisados, sugira realizar alterações que sejam benéficas para a manutenção do engajamento. Identifique pontos falhos e acrescente novas ideias que permitam estabelecer uma melhor comunicação e aperfeiçoe os mecanismos utilizados no engajamento dos *stakeholders*.

E lembre-se que todas as mudanças sugeridas devem ser revisadas e aprovadas pelo *stakeholders* responsáveis e posteriormente devidamente comunicado a todos os envolvidos na iniciativa.

4.6 Enfrentando *stakeholders* difíceis de lidar

Durante a execução do plano de engajamento, e na rotina ao longo da iniciativa, os analistas de negócios e engenheiros de requisitos são frequentemente confrontados com *stakeholders* que causam situações difíceis de lidar. Estes *stakeholders* podem mostrar apatia, resistência leve ou hostilidade direta, o que provavelmente causará desconforto e estresse. Para que a execução do plano de engajamento seja eficaz, tudo deve ser superado.

Em uma iniciativa podem surgir algumas situações comumente relacionadas com *stakeholders* que são considerados difíceis de lidar, como por exemplo fraca governança, pouco conhecimento técnico, a identificação com a iniciativa, falta de entendimento das metas e dos resultados esperados, ou ainda, o não atendimento das expectativas e do trabalho a ser realizado. Um estudo recente identificou (UNTERHITZENBERGER, 2018) três áreas que podem causar essas situações difíceis, as quais são:
- O ambiente estrutural - *Stakeholders* podem criar situações por causa do ambiente de projeto incorporado, razões como a parte interessada desconhecida, posição na estrutura do projeto (poder / influência), metas

divergentes, objetivos externos, pressão do tempo, da função e da iniciativa. Ou ainda fatores como restrições ou falta de motivação, o histórico na empresa, ambiente cultural, não se sentir representado, falta de treinamento ou conhecimento, e a falta de recursos.
- O ambiente social - Isso pode ser traduzido como falta de construção e manutenção de relacionamento, tratamento diferenciado, falta de comunicação, confiança e familiaridade e empatia a iniciativa.
- O próprio *stakeholder* - O *stakeholder* pode ser considerado difícil apenas com base na personalidade individual. Traços como honestidade, arrogância, seu papel no projeto ou suas expectativas.

4.6.2 Estratégias de enfrentamento

As estratégias de enfrentamento de *stakeholders* difíceis podem estar atreladas ao âmbito da iniciativa ou ao âmbito pessoal. Comumente, as estratégias utilizadas são (UNTERHITZENBERGER, 2018):
- Âmbito da iniciativa – as estratégias de enfrentamento no âmbito da iniciativa incluem:
  - Reestruturação do projeto ou equipe do projeto.
  - Monitoramento e controle.
  - Repassar a responsabilidade.
  - Incentivar o envolvimento das partes interessadas.
  - Buscando suporte externo.
  - Foco na carreira ou benefício individual.
  - Desenvolvendo um plano B.

  A maioria destas estratégias necessitará a cooperação do gestor da iniciativa para que sejam aplicadas.
- Âmbito pessoal – usadas quando é preciso lidar com uma situação difícil relacionada a si próprio, e não está relacionada somente a iniciativa, onde é necessário focar-se no problema ou na emoção:
  - Focar no problema – se comunicar melhor, construção de relacionamento e identificação de pontos em comum, tentar abordagens diferentes.
  - Focar na emoção – auto validação, reflexão, compartilhamento, confronto, paciência ou demonstração de valores pessoais.

CAPÍTULO 5
Habilidades comportamentais

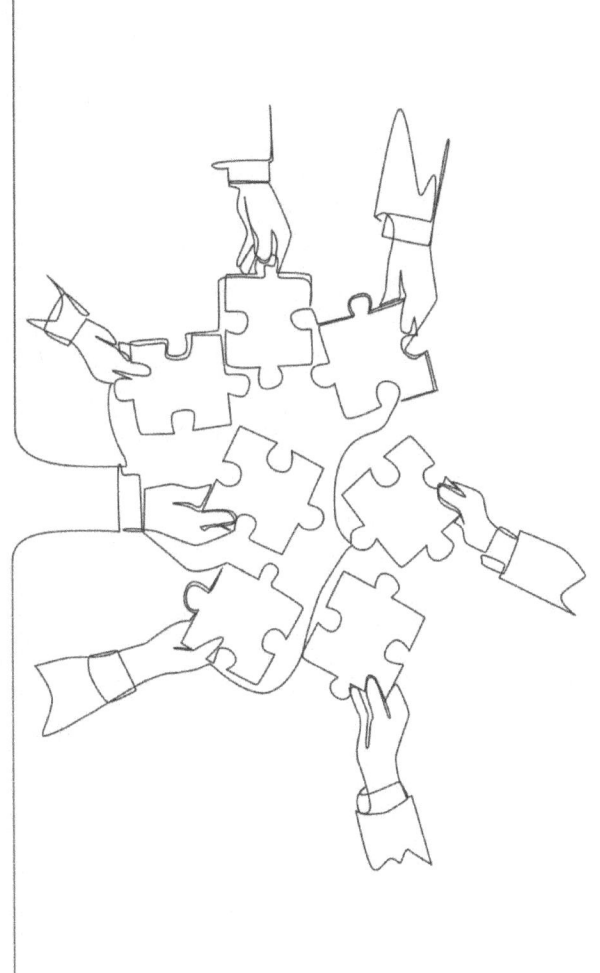

Resumo
Este capítulo discute sobre as habilidades requisitadas para profissionais de Análise de Negócios e da Engenharia de Requisitos. As 10 habilidades comportamentais destacadas aqui são consideradas como mais importantes na execução destas práticas.

5.1 Quais as habilidades necessárias para lidar com *stakeholders*?

As habilidades de um profissional caracterizam o nível de desempenho ou a capacidade de executar bem uma atividade e/ou trabalho, e podem ser divididas em elementos técnicos e elementos comportamentais (NOE et al., 2015). Geralmente, em um processo de recrutamento e seleção de profissionais é comum que se considere estas habilidades técnicas e comportamentais. Em inglês estas habilidades são denominadas como *hard skills* (habilidades técnicas) e *soft skills* (habilidades comportamentais), jargões que são utilizados também no Brasil.

As habilidades técnicas indicam os recursos específicos para executar um trabalho específico (CIMATTI, 2016) e são mais facilmente mensuráveis, pois são habilidades aprendidas durante a vida acadêmica ou profissional que podem ser comprovadas por meio de diplomas, certificados ou testes de conhecimento, as quais podem ser obtidas, por exemplo, a partir da formação acadêmica, de certificações, do estudo de uma língua estrangeira, ou ainda conhecimentos específicos de negócios adquiridos a partir de uma experiência profissional.

Considera-se como habilidades comportamentais as competências, que apesar de não estão diretamente ligadas a uma tarefa específica, são necessárias em qualquer posição, pois se referem principalmente às relações estabelecidas com outras pessoas na organização (CIMATTI, 2016). O que nos leva a concluir que o estabelecimento de uma relação com *stakeholders* está intrinsicamente ligada com a capacidade do analista de negócios e engenheiro de requisitos desempenhar habilidades comportamentais.

James Heckman, ganhador do prêmio Nobel em economia, definiu que habilidades comportamentais predizem o sucesso na vida (Heckman; Kautz, 2012). De olho no fato de que durante as últimas décadas a importância percebida das habilidades comportamentais aumentou significativamente, é de grande importância que todos adquiram habilidades adequadas além do conhecimento técnico ou acadêmico (SCHULZ, 2008), porém estas habilidades podem ser mais difíceis de medir, pois são características de personalidade e de competências subjetivas.

Embora habilidades técnicas sejam importantes (e não devem ser menosprezadas), várias pesquisas apontam que habilidades comportamentais se apresentam como um fator mais forte de influência para alcançar o sucesso de uma iniciativa (MANN, 1918) (TURNER; LOWRY, 2001) (SCHULZ, 2008) (DIXON et al., 2010) (KLAUS, 2010) (HENDARMAN; TJAKRAATMADJA, 2012) (MUSEMBI et al. 2018).

A qualidade do capital humano de qualquer empresa e os resultados que eles podem alcançar dependem principalmente das habilidades comportamentais, as quais influenciam diretamente na qualidade do produto, da organização, dos serviços e da vida dos trabalhadores de qualquer organização (CIMATTI, 2016).

Na literatura há uma grande variedade de denominações e distinções. Uma primeira distinção que pode ser feita é entre habilidades intrapsíquicas (habilidades pessoais, orientadas para si próprio) e interpessoais (habilidades sociais) (CIMATTI, 2016). A primeira refere-se ao que a pessoa deve entender e desenvolver por si mesma, como por exemplo, a capacidade e o desejo de continuar a aprender, planejar e alcançar metas. A segunda refere-se ao que a pessoa pode desenvolver relacionando-se com outras pessoas, como por exemplo, capacidade de se comunicar, ouvir, negociar, se relacionar, resolver problemas, tomar decisões e ser assertivo.

Outra maneira de categorizar as habilidades comportamentais é dividi-las em três macros dimensões que funcionam como um mecanismo – atitude, comunicação e etiqueta – onde o fundamento das habilidades está baseada em uma atitude forte, a qual é manifestada por meio da comunicação refinada por uma etiqueta (RAMESH, 2010). Confira a figura 10.

Figura 10 – Dimensões das habilidades comportamentais

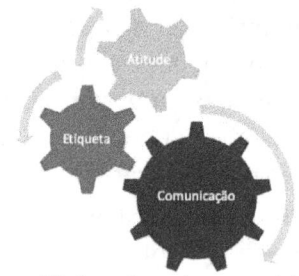

Fonte: Elaborado pelo autor 14

- Atitude – é sobre ter o equilíbrio metal adequado e o desejo de interagir com a audiência em um determinado ambiente. Isso também inclui a vontade de adequar-se e misturar-se a este ambiente. Geralmente essa dimensão começa a partir de própria atitude e contagia o desenvolvimento das atitudes dos outros a sua volta. Exemplos: ter visão, responsabilidade pessoal, saber trabalhar em equipe e gerenciar o tempo.
- Comunicação – é o ato de expressar esta atitude, convicções e habilidades técnicas para atingir de uma forma eficiente e convincente uma audiência para que almejadas ações sejam tomadas. Para isso é

necessário que sejam entendidos todos objetivos da comunicação de acordo com audiência que será atendida, e realizar a preparação logística necessária para que a comunicação aconteça. Exemplos: saber falar e ouvir efetivamente, realizar entrevistas, conduzir reuniões, saber apresentar propostas e relatórios, transmitir e receber feedbacks.

- Etiqueta – é utilizar as normas aceitas pela audiência e que precisam serem seguidas para que haja o estabelecimento da comunicação. Esta dimensão inclui a capacidade de adaptar o estilo de comunicação de acordo com diferentes culturas, convenções, protocolos e mídia. Exemplo: Seguir regras de etiqueta nas comunicações por telefone e e-mail, saber lidar com *stakeholders* estrangeiros de acordo com a cultura local, respeitar privacidade ou apenas o ato de saber dizer não apropriadamente.

As habilidades comportamentais de um profissional são essenciais e complementam as habilidades técnicas (SCHULZ, 2008), e isso aplica-se também aos profissionais que executam os papeis de analistas de negócios e engenheiros de requisitos, e especialmente quando os mesmos estão lidando com *stakeholders* em uma iniciativa. A seguir vamos focar em importantes habilidades comportamentais que podem funcionar como aliadas na hora de lidar com os *stakeholders*.

5.2 Habilidades comportamentais essenciais

Existe uma similaridade substancial nos requisitos de habilidades comportamentais em diferentes culturas (AHMED, 2012). Estas habilidades abrangem uma lista vasta de adjetivos, porém alguns deles merecem nossa atenção no que se refere a Análise de Negócios e Engenharia de Requisitos. Enquanto na análise de negócio as habilidades de comunicação, pensamento criativo, habilidades de organização, liderança, inteligência emocional e narrativa são consideradas mais relevantes para a cooperação e para o trabalho dentro de uma corporação (IIBA, 2018). Na Engenharia de Requisitos, as habilidades não técnicas de alta demanda incluem habilidades de comunicação, análise e resolução de problemas, habilidades interpessoais, habilidades de organização, capacidade de trabalhar de forma independente e também saber trabalher em equipe (AHMED, 2012). Confira as principais habilidades comportamentais na figura 11.

Figura 11 – Principais habilidades comportamentais

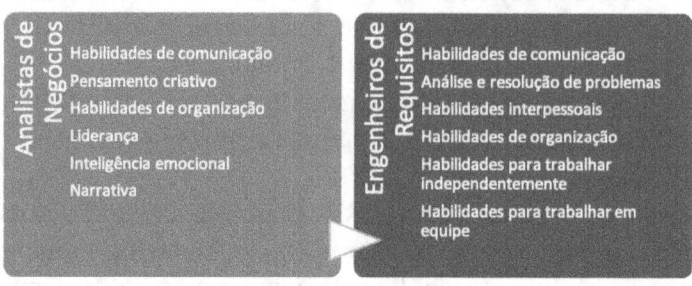

Fonte: Elaborado pelo autor 15

Nos próximos tópicos as habilidades comportamentais consideradas essenciais serão detalhadas. Estas habilidades geralmente estão intrinsicamente relacionadas, e se mostram essenciais na tarefa de lidar profissionalmente de maneira eficiente e eficaz com os *stakeholders*.

5.2.1 Habilidades de Comunicação

Possuir habilidades de comunicação constitui basicamente na capacidade de transmitir informações de uma forma que as mesmas sejam adequadamente recebidas e corretamente compreendidas (AHMED et al. 2012). Saber como se comunicar é vital para a rotina diária de trabalho. Especialistas afirmam que gastamos até 80% do nosso tempo em algum tipo de comunicação (WORTH, 2004).

Em resumo, uma comunicação acontece quando alguém (remetente) precisa compartilhar uma ideia (mensagem), e para isso decide por qual meio (canal) isso será efetuado. A ainda na capacidade e acessibilidade de quem receberá a mensagem (destinatário) para que não haja distorções no entendimento (ruído), o qual poderá enviar uma resposta e interagir neste ciclo (feedback) (SHARMA; MISHRA, 2009). Confira um fluxo de comunicação clássico na figura 12.

Figura 12 – Fluxo de comunicação clássico

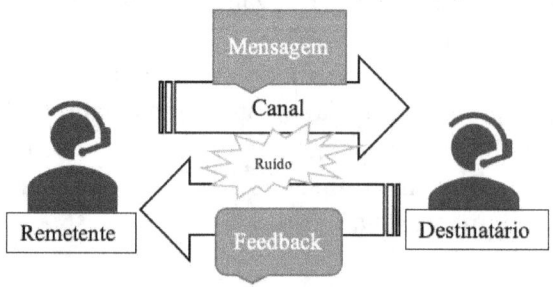

Fonte: Elaborado pelo autor 16

O profissional que possui habilidades de comunicação é dotado de atitudes que ajudam a melhorar a comunicação com o intuito de propiciar uma experiência positiva por parte dos *stakeholders*. Dentre a infinidade destas atitudes, podemos destacar:

- Ouvir e receber *feedback* – esta é uma das mais importantes habilidades (DISALVO et al., 1976), consiste em ouvir todos os envolvidos na comunicação, incluindo quem está acima e abaixo na ordem hierárquica da organização.
- Falar em público – realizar apresentações em público, independentemente tipo do público e número de participantes, apresentar informações técnicas de acordo com o público.
- Escrita – escrever devidamente, com ênfase na redação clara, precisa e organizada.
- Persuadir – entender os demais se comportam e utilizar meios de comunicação para motivá-los.
- Aconselhar – apontar e explicar as soluções propostas.
- Instruir – realizar treinamento de maneira que seja entendida pelos demais.
- Saber entrevistar – saber capturar informações dos *stakeholders* de maneira adequada e eficiente.
- Troca de informações – estabelecer a troca (envio e recebimento) das informações importantes para iniciativa.
- Dar ordens e receber ordens – saber se comunicar de modo respeitoso e profissional, seja dando ou recebendo ordens, seja concedendo autorizações ou sabendo quando e como dizer não.
- Dominar linguagens verbais e não verbais.

5.2.1.1 Linguagens verbais e não verbais

As habilidades de comunicação podem ser classificadas em verbal e não verbal (WILLIAMS, 1997).
A linguagem verbal refere-se as palavras e frases da língua falada. Os principais parâmetros da linguagem verbal são:

- Conteúdo – refere-se ao significado da fala. Para evitar desentendimentos é preciso entender se o significado do que foi falado é literal, tem origem metafórica ou ainda se possui componentes de ironia.
- Estrutura da linguagem – refere-se ao modo de como as palavras são colocadas em uma frase. Saber a sintaxe e gramática da linguagem é importante para que não haja diferentes interpretações.

- Estrutura da palavra – refere-se a estrutura individual da palavra. Assim com a estrutura da linguagem, saber regras de como uma palavra é formada (singular/plural e tempo verbal) pode determinar interpretações errôneas.
- Formas de linguagem – refere-se como as palavras são representas pelo som da fala. Dependendo de como a pronúncia é realizada, a palavra pode representar outro significado.
- Uso da linguagem – refere-se ao objetivo utilizado na linguagem, que pode variar desde fornecer informações e expressar ideias a debater e discutir problemas e etc.
- Estilo – refere-se como a estrutura da linguagem pode variar dependendo de fatores como social contexto, nível acadêmico ou de conhecimento técnico.

A linguagem não verbal, geralmente denominada como linguagem corporal, refere-se a movimentos e posições de partes do corpo, que podem ser expressas em conjunto ou individualmente, e podem representar algum envio ou uma busca por informação, uma atitude interpessoal, o estabelecimento e manutenção da comunicação ou ainda um modo para regular a interação. A linguagem não verbal pode ser ainda denominada pelo:

- Toque – sensível meio de comunicação que exprime cumplicidade e intimidade, que o uso deve ser avaliado cuidadosamente de acordo com ambiente cultural onde está sendo estabelecido a comunicação. Cumprimentos como aperto de mão, *high five*, abraço, ou qualquer outro meio de comunicação que envolva toque deve ser adotado com cuidado, pois em alguns casos e culturas pode parecer inoportuno, desconfortável ou até ameaçador.
- Olhar – considerado um canal de comunicação que pode transmitir e receber informações. É possível perceber, por exemplo, se o público receptor está prestando atenção na mensagem, se o mesmo está olhando diretamente para o emissor da mensagem.
- Gestos – são voluntários movimentos que podem comunicar algo. Por exemplo, quando se acena com a mão como um aviso de despedida, uso do dedo indicador como modo de apontar uma direção, ou ainda balançar a cabeça para concordar com o que está sendo dito.
- Postura do corpo – pode comunicar o quanto de atenção está sendo dada a comunicação que está estabelecida. Um exemplo são posições de corpo relaxadas e fechadas (como braços cruzados), as quais podem representar desinteresse e resistência ao que está sendo dito.

- Movimentos de cabeça – podem determinar aceitação ou negação do que está sendo dito. Manter a cabeça voltada para o interlocutor, por exemplo, mostra atenção ao que está sendo dito.

Podem ser consideradas ainda as características paralinguísticas (de aspectos vocais) que podem expressar emoções e transmitir interpessoal atitudes através de fatores como por exemplo a qualidade, o volume, a entonação e a velocidade da voz.

5.2.2 Habilidades de Organização

A competição no mercado global tem fundamentalmente sido alterado pelo crescimento tecnológico e das corporações, as quais necessitam de um adequado equilíbrio na dinâmica de trabalho. Neste cenário, as habilidades de organização são cruciais para ganhar vantagem competitiva e determinar os níveis estratégicos necessários para explorar estas vantagens (LUO, 2001). Um profissional que possui habilidades de organização tem a capacidade de gerenciar eficientemente várias tarefas e permanecer no cronograma sem desperdiçar recursos (AHMED et al. 2012). Por isso é importante que o profissional de análise de requisitos / engenharia de software possua estas habilidades, pois assim será capaz de organizar a própria carga de trabalho, gerenciar o tempo do desenvolvimento das atividades, bem como, os recursos disponibilizados.

Habilidades de organização, quando estão presentes na base no gerenciamento das tarefas rotineiras e dinâmicas do dia-dia, podem conduzir para uma cooperativa interação entre as diretrizes estratégicas e financeiras da corporação, e consequentemente obter maiores retornos financeiros, crescimento de mercado, redução de risco e estabelecimento de uma posição competitiva no mercado (LUO, 2001).

A eficiência do trabalho realizado é determinada pelas habilidades de organização adotadas pelos grupos de *stakeholders* que atuam na empresa. Dominar estas habilidades é fácil e tem como base o estabelecimento e execução de rotinas regulares. O resultado de ser uma pessoa organizada está em adquirir maior controle da sua vida (e do seu trabalho), maior sensação de realização das tarefas desenvolvidas e maiores níveis de sucesso no trabalho executado (WORTH, 2004).

As habilidades de organização podem ser resumidas em três categorias: gerenciamento de tempo, organização mental e organização física. Confira na figura 13.

Figura 13 – Tipos de habilidades de organização

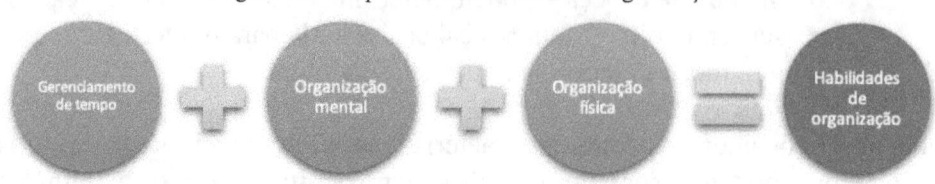

Fonte: Elaborado pelo autor 17

5.2.2.1 Gerenciamento de tempo

É comum o ambiente de trabalho apresentar muitas atividades a serem feitas e pouco tempo para que as mesmas sejam realizadas. Esta situação pode ser amenizada se o profissional gerenciar o seu tempo, evitando as situações de procrastinação. O gerenciamento de tempo é o que diferencia uma pessoa organizada de uma pessoa desorganizada (WORTH, 2004). Entre as habilidades de organização para gerenciamento de tempo, podemos citar:

- Determinar e manter prazos e compromissos – definir os prazos das entregas e manter as atividades alinhadas com o cronograma.
- Delegar atividades – identificar quais atividades podem ou devem ser delegadas para terceiros.
- Definir metas – estipular metas para as atividades, que estejam alinhada com os objetivos estratégicos em comum na iniciativa.
- Conduzir e participar reuniões – cooperar em reuniões para que estas seja um ambiente produtivo para ideias e decisões importantes.
- Tomar uma decisão – tomar decisões no momento e prazo devido.
- Ser produtivo – evitar procrastinação e realizar as entregas necessárias para a iniciativa.
- Ser multitarefa – equilibrar a execução dos papéis e das atividades que foram acordadas a serem desempenhadas na iniciativa.
- Ter pensamento estratégico – estabelecer estratégias para execução das atividades no prazo estabelecido e realizar entregas até a data limite aguardada.

Confira abaixo um lista de sugestões com 16 ações rápidas e simples que podem ajudá-lo no gerenciamento do tempo (KERZNER, 2017):

- Delegar.
- Seguir o cronograma.
- Decidir rápido.
- Decidir quem deve comparecer.
- Dizer não.
- Começar agora.
- Fazer a parte difícil primeiro.
- Evitar notas inúteis.
- Recusar a fazer o que não é importante.
- Olhar para frente (estabelecer meta).
- Pergunte: esta viagem é necessária?

- Conhecer seu ciclo de energia.
- Controlar o tempo de uso do telefone e e-mail.
- Enviar a agenda da reunião.
- Superar a procrastinação.
- Gerenciar por exceção.

5.2.2.2 Organização mental

As habilidades de organização classificadas como organização mental são aquelas que são utilizadas quando o profissional precisa pensar rapidamente e traduzir conhecimentos em forma de informações para esclarecer e articular a comunicação. Tudo isso com o devido cuidado de concentrar-se nos detalhes corretamente. Pode-se citar como as principais habilidades de organização mental:

- Análise e avaliação – avaliar, bem como, analisar uma determinada circunstância ou fato de relevante importância.
- Trabalhar com dados – saber trabalhar com diversos dados de como a identificar informações relevantes.
- Tomar notas – saber tomar notas relevantes diante de uma informação recebida.
- Identificar problemas – ter pensamento crítico, identificar problemas e riscos diante de uma informação ou dado analisado.
- Resolver de conflitos e realizar negociações – saber organizar ideias para estabelecer uma comunicação na resolução de conflitos e em negociações.
- Desenvolver estratégias – saber desenvolver ideias estratégicas para resolver problemas e estabelecer metas
- Falar em público – saber organizar ideias de forma articuladas e entendíveis quando se desenvolve uma fala em público, realizar uma apresentação ou se defende uma ideia.
- Estar atento aos detalhes – saber estar atendo aos detalhes fornecidos em uma informação para que dados importantes não sejam desperdiçados.

5.2.2.3 Organização física

A organização física corresponde ao como são armazenados os resultados do trabalho realizado, podendo ainda se estender ao comportamento de manter os ambientes físicos e materiais de trabalho organizados e disponibilizados para uso corretamente. Pode-se citar como exemplo:

- Manter ambiente de trabalho organizado – manter o ambiente e materiais de trabalho (como as salas de reuniões, materiais na mesa de trabalho, áreas comuns, armários e ferramentas de trabalho) organizados, limpos e

de fácil acesso. Manter o ambiente é organizado pode demostrar que seu trabalho também é organizado e então aumentar o respeito e a credibilidade do seu profissionalismo percebido pelos *stakeholders*.
- Organizar documentos e entregas – arquivar devidamente os documentos físicos e digitais, manter histórico de documentos elaborados, entregas realizadas, aceites e aprovações organizados de maneira fácil (com títulos entendíveis, em ordem cronológica, ordem alfabética etc.). Documentos organizados possibilitam buscas futuras com menos desperdício de tempo.
- Formatar documentos – elaborar e formatar documentos que estejam entendíveis pelos *stakeholders* ou qualquer outro destinatário na comunicação. Documentos bem organizados podem facilitar o entendimento rápido e evitar distorções na comunicação.
- Registrar versões – registrar e controlar versões de documentos da iniciativa. Documentos com versões registradas e controladas mantêm clara a responsabilidade de quem efetuou a alteração, bem como, ajuda a minimizar desperdício de tempo caso seja necessário recuperar versões anteriores.

5.2.3 Pensamento criativo

O pensamento criativo consiste em ter ideias inovadoras que tem como propósito trazer para a realidade algo surpreendente e original, que seja culturalmente aceitável e útil (KING, 2003). A criatividade propicia diferenciais competitivos em uma empresa quando esta habilidade é utilizada para criar novas ideias (ADAIR, 2007).

O pensamento criativo pode ser uma habilidade desempenhada individualmente ou pode ter origem a partir de atividades coletivas. Em geral, o pensamento criativo pode ser divido em cinco dimensões (LUCAS; SPENCER, 2017):
- Inquisitivo – capacidade de descobrir, formular questões, explorar uma investigação e desafiar pressupostos.
- Persistente – capacidade de não desistir facilmente, tolerar incertezas, manter-se firme nas dificuldades e ousar ser diferente.
- Colaborativo – capacidade de reconhecer que há uma dimensão social no processo criativo, saber dividir, dar e receber *feedback* e cooperar apropriadamente.
- Disciplinado – capacidade de refletir criticamente sobre as ideias, desenvolver novas técnicas, criar e melhorar o trabalho, baseado em conhecimentos e habilidades.

- Imaginativo – capacidade de imaginar novas soluções e tentar novas possibilidades, perceber conexões entre diferentes ideias e ter válidas intuições.

Duas populares vertentes dessa habilidade são o pensamento crítico e solução de problemas (LUCAS; SPENCER, 2017). Enquanto o pensamento crítico refere-se ao processo mental para avaliar ativamente e habilidosamente informações para chegar a uma resposta ou conclusão. A solução de problemas é o resultado do pensamento crítico e envolve descobrir e analisar o problema com o objetivo de encontrar a melhor solução possível.

5.2.4 Liderança

Liderança representa a habilidade de motivar os demais *stakeholders* a agirem, trabalharem juntos e focados nas mesmas metas e objetivos. Representa ainda a capacidade de compreender quais as necessidades dos mesmos e como estas necessidades podem ser direcionadas com mais eficácia para alcançar os objetivos em comum (IIBA; KPMG, 2016).
Para uma melhor compreensão, a liderança pode ser dividida em cinco níveis (PULLAN, et al. 2013) como apresentado na figura 14.

Figura 14 – Níveis da liderança

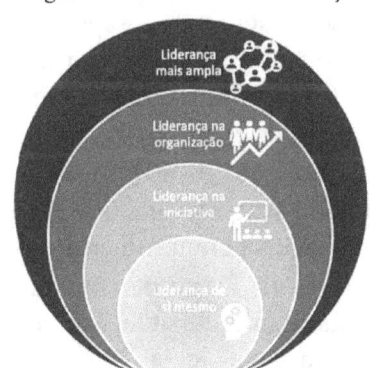

Fonte: Elaborado pelo autor 18

- Liderança de si mesmo – este primeiro nível representa a mentalidade de liderança compreendida pelo profissional, onde o mesmo é consciente das próprias capacidades e limitações, e possui coragem para agir e adquirir habilidades para estabelecer comunicação e relações.
- Liderança na iniciativa – este segundo nível corresponde como o profissional trabalha nos limites da iniciativa, com base nas tarefas executadas junto aos *stakeholders* com o intuito de entender e atender

devidamente as suas necessidades. A liderança também é aplicada através de diferentes iniciativas com a construção de uma rede de relacionamentos com diversos *stakeholders*.

- Liderança na organização – este terceiro nível trata de ter capacidade de olhar além dos limites da iniciativa, mantendo-se atendo aos aspectos e oportunidades existentes e engajamento da organização. Requer o conhecimento do negócio e saber líder com aspectos relacionados a poder e política.
- Liderança mais ampla – o quarto e mais amplo nível configura na capacidade de contribuir com a sua área de atuação além dos limites da organização que o mesmo atua. Corresponde, por exemplo, saber compartilhar conhecimento, apresentar artigos em conferências, participar e ser membro ativo de associações de profissionais e engajar outros profissionais por meio de social mídia e etc.

Pode-se considerar os seguintes atributos presentes em um profissional que possui liderança (NORTHOUSE, 2010):

- Habilidade cognitiva geral – refere-se à inteligência da pessoa, relacionado com fatores biológicos como boa memória, capacidade de processar informações eficientemente, habilidades de raciocínio rápido, criatividade e maneiras divergentes de pensar. Aquele que causa impacto positivo na resolução de problemas complexos.
- Habilidade cognitiva cristalizada – capacidade de aprender e adquirir conhecimento ao longo do tempo com a experiência. Aquele que compreende complexas informações, aprende novas habilidades e é capaz de se comunicar eficientemente.
- Motivação – significa estar disposto para enfrentas as adversidades encontradas na organização. Aquele que apresenta influência sobre os demais *stakeholders* e está comprometido com a organização.
- Personalidade – possuir uma personalidade que cause impacto positivo nos demais diante de situações complexas na organização. Aquele que é aberto a novas ideias, tolerante e curioso na solução de problemas, bem como, é confidente em situações conflitantes e adaptável às mudanças.

5.2.4.1 Liderança moral

Seguir princípios morais pode ser um fator crítico na liderança, pois a liderança moral é um tipo diferente da clássica liderança formal, onde em vez de aspirar a ser seguido, os líderes morais almejam servir.

É importante que você conheça os tipos de liderança moral, pois estudos (LEMOINE, et al. 2019) já indicaram que estes estilos de liderança exercem uma influência extrema sobre os seguidores, podendo melhorar a eficácia de liderança de diferentes maneiras.

Entender como os líderes morais trabalham nos ajuda a compreender o processo relacional dentre influenciar os seguidores e atingir metas coletivas, bem como as metas coletivas podem ser melhor alcançadas. Geralmente, seguidores podem ser inspirados pela seguintes estilos de liderança moral (LEMOINE, et al. 2019):

- Liderança serva – um líder que defende o bem comum, o que pode ser melhor para todos, e está motivado na contribuição deste bem comum a partir de uma expectativa de reciprocidade.
- Liderança ética – um líder que defende a adesão a um conjunto de padrões ou regras e é motivado a contribuir para a clareza e segurança que essa estrutura impõe.
- Liderança autêntica – um líder que defende a liberdade moral e a responsabilidade correspondente, e está motivado para contribuir com este sistema, sabendo que os outros lhes proporcionarão a própria autonomia moral.

5.2.5 Inteligência Emocional

Inteligência emocional representa a capacidade de identificar e avaliar os próprios sentimentos, permitindo que um indivíduo gerencie e controle suas próprias emoções, bem como saber lidar com as emoções apresentadas pelos demais *stakeholders* (IIBA; KPMG, 2016). A inteligência emocional é uma habilidade que permite: perceber os tipos de emoção com precisão, utilizar a emoção para facilitar o pensamento, compreender e administrar a emoção (ROSETE; CIARROCHI, 2005).

A inteligência emocional desempenha um papel importante na relação com os *stakeholders*. O equilíbrio entre a inteligência emocional e a vida profissional possibilitam sucesso organizacional e desenvolvem vantagens competitivas para as organizações, propiciado pela melhor adaptabilidade a mudanças, empatia com os funcionários, qualidades de liderança, harmonia dos grupos, uma gestão participativa, melhor tomada de decisões e compreensão entre os colegas (DESTI; SHANTHI, 2015).

Os seguintes fatores, os quais estão relacionados com sociabilidade, emotividade, autocontrole e bem-estar, podem ser utilizados para identificar inteligência emocional (WEBB, 2011):

- Adaptabilidade – ser flexível e disposto a adaptar-se às novas condições e mudanças.
- Automotivação – ser impulsionado e improvável de desistência diante da adversidade.
- Assertividade – ser honesto, franco e disposto a defender seus direitos.
- Gestão emocional dos outros – influenciar positivamente os sentimentos de outras pessoas.
- Competência social – ser capaz de estabelecer relacionamentos com habilidades sociais.
- Expressão emocional – ser capaz de comunicar seus sentimentos aos outros.
- Habilidades de relacionamento – ser capaz de manter relacionamentos pessoais satisfatórios.
- Empatia – ser capaz de assumir a perspectiva de outra pessoa.
- Percepção emocional – ser claro sobre os sentimentos próprios e sobre os sentimentos dos outros.
- Controle da impulsividade – ser reflexivo e menos propenso a ceder aos próprios impulsos.
- Gerenciamento de estresse – ser capaz de suportar a pressão e regular o estresse.
- Regulação emocional – ser capaz de controlar as próprias emoções.
- Autoestima – se sentir bem-sucedido e autoconfiante.
- Felicidade – ser alegre e satisfeito com a própria vida.
- Otimismo – ser confiante e gostar de "olhar para o lado positivo" da vida.

5.2.6 Narrativa

Ter a habilidade da narrativa (do termo em inglês *storytelling*) é saber contar histórias usando ferramentas relevantes para transmitir ideias e informações de forma eficaz e simples (IIBA; KPMG, 2016).

Por ser uma habilidade inter-relacionada com liderança e comunicação, a narrativa pode ser utilizada para diversos fins, como por exemplo explicar ideias, amenizar a implementação de mudanças, compartilhar conhecimento tácito, intensificar inovações, formar equipes, planejar, criar cenários, treinar e etc. (MLÁDKOVÁ, 2013). Contar histórias pode ajudar na comunicação dos valores e das dinâmicas complexas da organização, e se contadas com estilo é possível obter a emoção do público que ouve, ajudando-o no processo de compreensão (BOJE, 1991).

Narrativas que são devidamente preparadas e contadas têm alto potencial para ajudar na criação e apresentação de visões, na resolução de conflitos,

explicação de objetivos, formação de equipes e na criação de uma cultura organizacional (MLÁDKOVÁ, 2013). Quando narrativas são utilizadas no contexto organizacional devem apresentar as seguintes características (WILKINS, 1984):
- Ser concreta – apontar histórias que possuem pessoas, eventos e ações reais. Narrativas conectadas com a organização e estabelecidas em um tempo e lugar que o ouvinte possa reconhecer e se identificar.
- De conhecimento comum – apresentar histórias de conhecimento comum na organização ou unidade. A transmissão é eficaz quando os ouvintes percebem que os outros integrantes da organização também conhecem e seguem os conceitos da narrativa apresentada.
- Ser crível – contar histórias que podem ser acreditadas pelos ouvintes. Para que uma narrativa tenha o impacto almejado é necessário que a narrativa seja relacionada à organização, porém crível e verdadeira.
- Descritivo – narrar histórias que descrevem o contrato social da organização e apresentam como as ações são executadas no âmbito organizacional. Permitir que o ouvinte aprenda sobre normas, recompensas e punições da organização.

Dentre as muitas características que podem definir um profissional que possui a habilidade de narrativa, pode-se destacar:
- Liderança – estudos apontam que há uma ligação entre as habilidades de liderança de um profissional e suas habilidades de contar histórias (MLÁDKOVÁ, 2013). Quanto melhor são as habilidades de liderança, mais apropriadamente o profissional usa a narrativa e melhora suas habilidades de contar histórias.
- Organizado – saber organizar como a narrativa será contada, desenvolver começo meio e fim das histórias com o intuito de prender atenção do público e transmitir a mensagem.
- Comunicador – saber utilizar os recursos de comunicação de maneira eficaz, inclusive utilizando-se das próprias expressões vocais, faciais e corporais de forma adequada.
- Animador – saber entreter o público com criatividade e de um modo adequado para conseguir o engajamento do público alvo.
- Inteligente emocionalmente – ser capaz de transmitir emoções por meio das narrativas e gerenciar as emoções do público alvo.

5.2.6.1 O poder da narrativa na solução de problemas.

Além de comunicar, a narrativa é uma habilidade que pode ser utilizada também como uma ferramenta na identificação e solução de problemas de grupos de *stakeholders* (PYLES, 2014).

A narrativa pessoal podem ser um meio para identificação de problemas e um método para produzir um entendimento das diversas perspectivas dos indivíduos que estão realmente vivenciando um problema. Para isso, é necessário mediar reuniões com *stakeholders* focados em um determinado objetivo e instiga-los para contarem histórias pessoais e como os mesmos são afetados pelos problemas. Com isso padrões entre as diversas experiências são estabelecidos, bem como, um comum entendimento dos problemas que são mais complexos.

Contar histórias também pode se tornar um mecanismo para motivar *stakeholders*. Quando os *stakeholders* sentem-se motivados pela narrativa apresentada, os mesmos podem começar a defender a causa relacionada e tomarem ações, especialmente quanto a resolução de problemas, estabelecendo posições, realizando as metas almejadas, sejam elas por motivos pessoais, representando um grupo ou a organização.

5.2.7 Análise e solução de problemas

A análise e solução de problemas provê a capacidade de compreender, articular e resolver problemas complexos e consequentemente tomar decisões sensatas com base nas informações disponíveis (AHMED et al. 2012).

Com a sobrecarga dos dados oriundos dos levantamentos realizados junto aos *stakeholders*, é necessário que os analistas de negócios / engenheiros de requisitos saibam de forma adequada identificar as reais necessidades, localizar fontes confiáveis, extrair, organizar e sintetizar as informações úteis para determinar uma solução aceitável para a iniciativa. Para isso é necessário possuir a habilidade de análise e solução de problemas.

Podemos considerar que habilidades cognitivas e de pensamento criativo estão relacionadas com a análise e solução de problemas. Porém, existem outras capacidades padrões presentes na análise e solução de problemas, elas são (BRAND-GRUWEL et al., 2005):

- Definir problema – ser capaz de realizar um estudo para obter uma visão mais clara do problema. Incluir questionar, analisar, identificar o problema, utilizar conhecimentos prévios e esclarecer os requisitos necessários.

- Realizar pesquisa – ser capaz de selecionar fontes importantes ou interessantes para pesquisa. Derivar os termos de pesquisa corretos e avaliar a confiabilidade dos resultados.
- Examinar informações – ser capaz de avaliar superficialmente as informações de acordo com a qualidade e relevância, a fim de decidir se as informações devem ou não estar vinculadas ao problema.
- Processar informação – ser capaz de analisar profundamente as informações obtidas, realizar análise, seleção, estruturação e elaboração de um conteúdo que possa alcançar uma integração das diferentes peças de informações encontradas, além do conhecimento prévio relevante para que o problema seja resolvido.
- Organizar e apresentar informações – ser capaz de organizar e apresentar a solução encontrada.
- Regular processo – ser capaz de interativamente, executar tarefas de regulação continuamente, enquanto todas as capacidades acima são realizadas para resolver o problema, como por exemplo monitorar e orientar o desempenho, orientar a tarefa, gerenciar o tempo, bem como, avaliar a qualidade do produto e do processo.

5.2.8 Habilidades Interpessoais

Habilidades interpessoais é um assunto complexo que abrange várias outras denominações como habilidades de iteração, habilidades pessoais, habilidades frente-a-frente, habilidades sociais e competências sociais (HAYES, 2002). Estas possibilitam lidar socialmente com os outros através da comunicação e interações em condições favoráveis ou não (AHMED et al. 2012), podendo então cooperar com os outros, resolver conflitos e negociar.

Nossas interações sociais podem ser consideradas como transações, onde cada integrante espera obter um retorno satisfatório. As habilidades interpessoais representam a nossa capacidade de alterar o comportamento dos outros de modo que nossos ganhos sejam maiores que nossas perdas. Tentamos obter resultados satisfatórios de nossas interações com outras pessoas, atendendo ao *feedback* recebido, avaliando a eficácia de nosso desempenho e continuamente corrigindo-o de acordo com a nossa própria avaliação e da reação dos outros (HAYES, 2002). As inúmeras e diversas interações existentes em uma empresa, entre líderes, equipes e subordinados, giram em torno do gerenciamento de relacionamentos, e o uso efetivo das habilidades interpessoais é fundamental para se obter uma influência positiva e eficiente (SUBRAHMANYAM, 2018).

Dentre as várias habilidades interpessoais, pode-se destacar:
- Inteligência emocional – importante na iteração social, onde está sendo estabelecida uma comunicação, para exercitar resiliência e empatia, gerenciar as próprias emoções e ser sensível aos sentimentos das outras pessoas.
- Habilidades de comunicação – comunicar-se é muito importante no estabelecimento das iterações sociais, por isso todas capacidades de comunicação já descritas anteriormente também estão estritamente relacionadas com as habilidades interpessoais, em especial:
    - Escutar ativamente – a capacidade de ouvir com eficácia é uma habilidade essencial em diversas iterações interpessoais (Use a Técnica 13 – Escuta ativa para fortalecer esta habilidade).
    - Questionar – a capacidade de usar perguntas na comunicação podem maximizar a relevância das informações e melhorar a eficiência comunicativa da interação.
- Cooperação – ter a capacidade de ajudar e facilitar o trabalho dos demais.
- Reflexão – relacionada com as ciências psicológicas, ou aconselhamento mais especificamente, é a capacidade de refletir ou apresentar reflexões durante a comunicação.
- Assertividade – capacidade de ser assertivo e apresentar pontos de vistas adequadamente.
- Resolução de conflitos e negociação – ter a capacidade de ajudar duas ou mais partes a encontrarem uma solução aceita por ambos. Estabelecer um acordo ou compromisso evitando maiores discussões ou disputas entre as partes.

5.2.9 Habilidades para trabalhar de forma independente

Trabalhar de forma independente permite executar tarefas com supervisão mínima (AHMED et al. 2012). Estas habilidades representam a capacidade de trabalhar como um membro efetivo de uma equipe, com o mínimo de orientação, em um ambiente muitas vezes sob alta pressão e com grande volume de trabalho. Podendo ser considerado uma essencial habilidade para profissionais que trabalham remotamente ou sem uma direta supervisão do trabalho.

Isso inclui possuir uma responsabilidade individual para agir ou responder às oportunidades e desafios de forma eficaz, em vez de esperar positivamente que o acaso ou outras pessoas façam escolhas por você. Quando os profissionais têm a capacidade de assumir a responsabilidade individualmente, estes podem ter um impacto poderoso no sucesso de suas equipes (ALGASHAAM, 2015).

Habilidades para trabalhar de forma independente permitem que o profissional realize suas tarefas individualmente, porém contribuindo como um membro efetivo da equipe. Podemos destacar as seguintes habilidades:

- Gestão de tempo – esta habilidade pode ajudar o profissional a atender as datas limites estabelecidas.
- Inteligência emocional – esta habilidade pode ajudar o profissional a manter-se motivado a trabalhar sozinho, bem como, gerenciar emoções provenientes do estresse gerado nas atividades e responsabilidades individuais.
- Habilidades de organização – esta habilidade pode provê a capacidade do profissional manter as próprias tarefas organizadas, e saber priorizar o que é necessário.
- Habilidades de análise e solução de problemas – esta habilidade pode ajudar o profissional a adquirir confidência ao profissional ao realizar as tarefas individuais.
- Confidência – ser confidente é um importante característica para conseguir trabalhar de forma independente. O profissional precisa acreditar que o mesmo é capaz de desempenhar o seu papel.
- Trabalhar em equipe – saber trabalhar individualmente é também saber como trabalhar em equipe, pois no final, o resultado das suas atividades deve contribuir com o todo. Então, os indivíduos de um grupo podem compensar as fraquezas existentes e compartilharem perspectivas mais amplas.

5.2.10 Habilidades para trabalhar em equipe

O profissional que trabalha em equipe é aquele que pode trabalhar efetivamente em um time e contribuir para o objetivo desejado (AHMED et al. 2012). Profissionais com essa habilidade são capazes de fomentar um ambiente de trabalho colaborativo e desenvolver a confiança entre os membros da equipe para garantir que haja um esforço de trabalho combinado e a soma de suas partes (IIBA; KPMG, 2016). Também são utilizados os termos em inglês *teamwork* e *teamplayer* para denominar esta habilidade.

Entre as características que podem ser consideradas essenciais para se trabalhar em uma equipe e atingir as metas estipuladas, estão (ALGASHAAM, 2015):

- Identidade coletiva – a equipe deve ser composta por profissionais que pertençam e compartilhem de uma mesma identidade.

- Objetivos comuns – o profissional inserido em uma equipe deve seguir a uma meta estabelecida em conjunto.
- Trabalhar independentemente – profissionais que trabalham em equipe são interdependentes nas tarefas individuais e cooperam com resultados para a equipe.
- Papel estabelecido – profissionais que possuem e executam os papéis distintos estabelecidos dentro da equipe.
- Pertencimento – profissionais que se sentem parte do time e se sentem influenciados por um contexto organizacional maior.

O trabalho em equipe pode ser medido de acordo com a qualidade da colaboração existente no time, baseando-se em seis fatores (HOEGL; GEMUENDEN, 2001):

- Comunicação – a frequência, formalização, estrutura e abertura da troca de informações entre os membros da equipe.
- Coordenação – como os esforços individuais estão estruturados e sincronizados dentro da equipe.
- Contribuições individuais – como as contribuições estão balanceados, de modo com que todos são capazes de contribuir potencialmente com seus conhecimentos relevantes e experiências.
- Apoio mútuo – estado de espírito cooperativo e não competitivo, onde os membros do time apoiam e ajudam uns aos outros na realização das atividades.
- Esforço – os membros da equipe exercem suas atividades em um nível de esforço uniformemente alto, respeitando normas, compartilhando carga de trabalho e priorizando as tarefas da equipe.
- Coesão – os membros se sentem motivados em participar e ser parte da equipe

CAPÍTULO 6
Técnicas

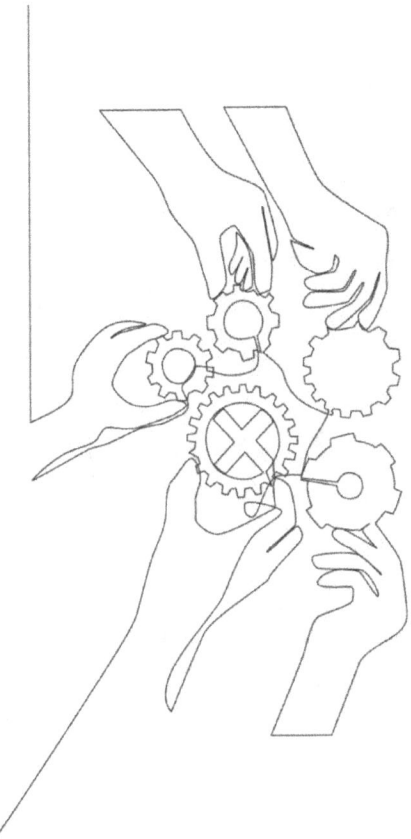

Resumo
Este capítulo apresenta todas as técnicas citadas nesta publicação, as quais podem ajudar nas atividades associadas ao planejamento, engajamento e análise de *stakeholders* em geral. As técnicas podem estar relacionadas com todas as etapas que podem ocorrer no relacionamento com *stakeholder*, desde o pré-projeto até o aceite da solução e entrega do produto final da iniciativa. Ao todo são apresentadas 30 técnicas, porém, vale salientar que a diversidade de técnicas para uso por profissionais de Análise de Negócios e Engenharia de Requisitos é bem mais extensa e não se limitam a apenas as citadas neste capítulo.

Técnica 01 – Análise da causa raiz

Objetivo

Identificar, organizar e apresentar possíveis causas de um determinado problema em um formato estruturado.

Descrição

A análise de causa raiz, também conhecido como diagrama de *Ishikawa* ou diagrama de espinha de peixe, é uma técnica gráfica para mostrar as várias circunstâncias de um evento específico, e de uso comum na análise de causa e efeito para identificar uma interação complexa das causas de um problema específico em uma iniciativa. Podendo também ser utilizada como uma ferramenta para identificar e resolver as causas de conflitos entre *stakeholders*.

Geralmente esta técnica é desenvolvida com a participação do *stakeholders*, e para isso é necessário realizar reuniões e utilizar outras técnicas, como por exemplo a Técnica 09 – *Brainstorming*, para obter as informações necessárias para compor a análise.

A análise da causa raiz envolve as etapas de revisar o problema, identificar as causas, categorizar as causas e identificar as sub causas. Veja a figura 15.

Figura 15 – Etapas da análise da causa raiz

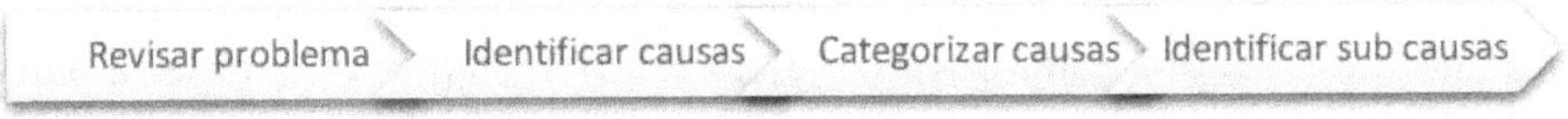

| Revisar problema | Identificar causas | Categorizar causas | Identificar sub causas |

Fonte: Elaborado pelo autor 19

- Revisar problema – revisar um determinado problema, definir um determinado problema, realizar questões para esclarecimento e registrar as descrições.
  Desenhar uma caixa ao redor da descrição do problema que será analisado, seguindo de uma seta central interligando a esta caixa.
- Identificar causas – identificar principais causas do problema.
  Quando utilizado para resolução de conflitos, identifique os *stakeholders* envolvidos, os que estão envolvidas no conflito e estão sendo afetadas por ele.
- Categorizar causas – categorizar as possíveis causas dos problemas, entenda as possíveis causas em grupos, eliminando causas duplicadas. Escreva as principais categorias das causas do problema como ramificações da seta principal.
- Identificar sub causas – identificar as principais sub causas dos problemas.

Escreva as sub causas que se ramificam de cada causa. Quanto mais sub causas você criar, mais detalhada será sua análise para identificar as causas-raiz do problema.

Finalize a análise quando todos envolvidos neste processo estejam satisfeitos com o resultado, e registre os dados relacionadas com as causas identificadas (títulos, datas e pessoas de contato) para facilitar obter maiores informações caso seja necessário. Veja exemplo na figura 16.

Figura 16 – Exemplo de análise da causa raiz

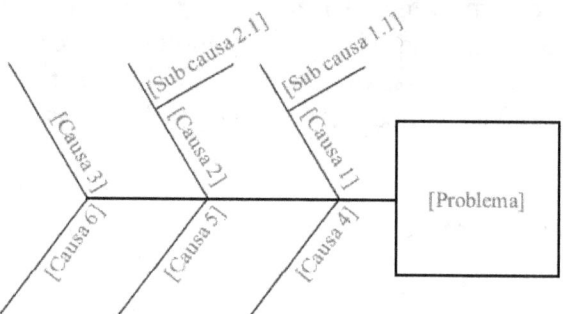

Fonte: Elaborado pelo autor 20

Embora as sessões para realizar esta análise possam ser realizadas separadamente, geralmente a análise pode obter melhores resultados quando todos os principais *stakeholders* estão presentes nas reuniões realizadas. Além disso, é ideal que estas sessões sejam facilitadas por uma terceira parte que garanta a igualdade de oportunidades de participação para todos os envolvidos, mantendo o foco do objetivo da reunião.

Principal referência: KELLEHER et al., 1995.

Técnica 02 – Análise de documentos

Objetivo

Levantar dados por meio de um estudo de documentação relacionada aos *stakeholders*, prévias iniciativas e à organização.

Descrição

Esta técnica, pode ser utilizada para analisar a viabilidade da iniciativa e coletar informações relacionados aos *stakeholders*, prévias iniciativas e a organização. Outro resultado importante da análise de documentos é que, ao analisar atividades ou projetos semelhantes dentro da empresa, o analista de negócios e o engenheiro de requisitos pode aprender com a experiências anteriores dos outros em vez de produzir ou repetir os erros.

Aqui estão alguns exemplos de fontes em que o analista de negócios pode pesquisar informações:

- *Stakeholders* – organograma e contratos.
- Sistemas – manuais do usuário, documentos funcionais, banco de dados e programas de computador.
- Projeto – pré-Projeto documentos e análises, estudo preliminar de projetos, contratos e acordos.

Uma maneira de organizar a aplicação desta técnica é por meio de uma análise orientada a problemas, a qual consiste em estabelecer significantes questões que possivelmente serão esclarecidas após realizar a leitura dos documentos em potencial. Confira na figura 17.

Figura 17 – Etapas para aplicar a análise de documentos

Formular questões de pesquisa → Averiguar estáveis correlações → Localizar relevantes documentos → Definir as unidades de análise → Testar os documentos

Desenvolver categorias e registrar instruções → Selecionar um procedimento analítico → Adotar padrões → Alocar recursos → Executar a análise

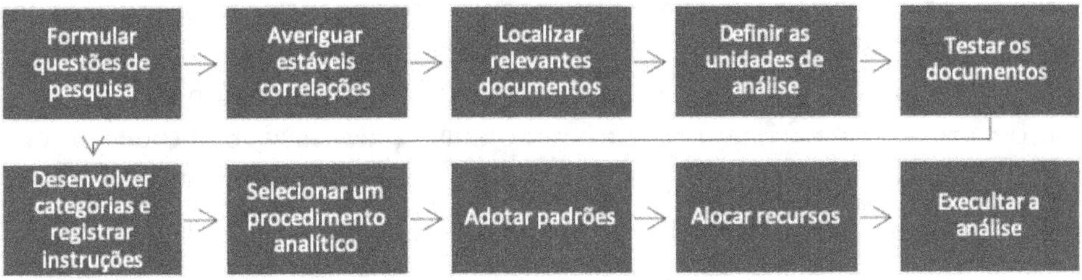

Fonte: Elaborado pelo autor 21

- Formular questões de pesquisa – estabelecer questões que são relevantes para a solução do problema.
- Averiguar estáveis correlações – estabelecer uma relação entre as questões e os possíveis materiais para realização da pesquisa.

- Localizar relevantes documentos – identificar quais os documentos são relevantes para realizar a leitura.
- Definir as unidades de análise – definir quais os pontos relevantes para a análise estabelecida.
- Testar os documentos – ler as amostras dos documentos.
- Desenvolver categorias e registrar instruções – defina categorias e instruções para as informações que serão coletadas a partir da leitura dos documentos.
- Selecionar um procedimento analítico – defina qual o procedimento de análise será adotado.
- Adotar padrões – adote padrões de busca e modo de pesquisa dos materiais.
- Alocar recursos – estabeleça por quem as buscas serão realizadas.
- Realize a análise, levando em consideração:
  - Levantamento de questões sobre a iniciativa ou outras iniciativas em comum.
  - Comunicação com *stakeholders* mais experientes como mentores, líderes, gerentes de projetos.

Caso não seja possível obter informações de documentos anteriores, o analista de negócios e o engenheiro de requisitos também pode utilizar outras técnicas para fazer a pesquisa de antecedentes, incluindo questões relacionadas ao histórico do sistema / da iniciativa / dos negócios.

Se o objetivo do uso desta técnica é apenas conduzir uma análise de viabilidade, descreva o resultado em um relatório e o apresente dos *stakeholders*. Se o objetivo é apenas um melhor entendimento do negócio ou a relação entre os *stakeholders*, as informações obtidas podem ser incluídas em outros tipos de documentação, como análise de risco, plano de projeto, registro de *stakeholders* e outros documentos técnicos / funcionais.

Principal referência: KRIPPENDORFF, 2004

Técnica 03 – Análise dos eventos de negócio

Objetivo

Descrever todas as ações individuais realizadas por usuários ou *stakeholders* durante a execução dos processos existentes nos negócios da organização.

Descrição

Os eventos de negócios correspondem aos detalhes atômicos mensuráveis nos processos de negócios por um ator (sistemas, pessoas, empresas, etc.). Esta técnica visa identificar e analisar os eventos que realizam.
O método para desenvolver esta técnica é composto por duas atividades: descobrir e documentar o evento. Veja na figura 18.

Figura 18 – Atividades na análise dos eventos de negócio

Descobrir o evento → Documente o evento

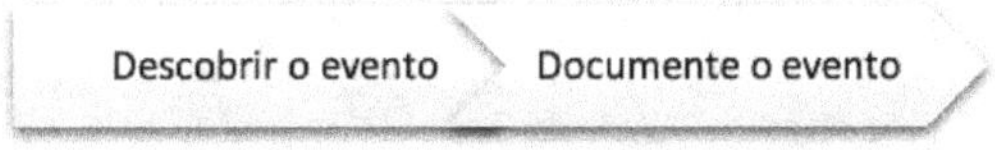

Fonte: Elaborado pelo autor 22

- Descobrir o evento – identifique os principais eventos do processo empresarial a partir do levantamento de requisitos anteriores (por exemplo, caso de uso, história do usuário, etc.).
- Documente o evento – use a metodologia *7W1H* para descrever cada evento qual é composto das seguintes questões:
    - Who? – quem são as pessoas e organizações?
    - What? – que coisas ou o quê está envolvido?
    - Where? – onde é a localização?
    - Way? – de qual maneira as transações são realizadas?
    - Why? – o por que e qual as razões?
    - When? – o quando?
    - Who? – para quem ou de quem?
    - How many? – quanto são as medidas ou indicadores de desempenho chaves.

Usar uma tabela é a maneira simples de representá-la, mas outras formas de registrar a análise de evento de negócios podem ser usadas como um gráfico de hierarquia, uma linha de tempo, uma matriz de eventos ou um esquema em estrela aprimorado.

Principal referência: CORR; STAGNITTO, 2011.

Técnica 04 – Análise de suposições

Objetivo

Reconhecer os diferentes pressupostos em uma iniciativa, determinar a validade dos mesmos e cooperar na identificação de riscos.

Descrição

Definir suposição significa estabelecer uma hipótese sobre algo, que embora sem provas ou sem um certo conhecimento, é aceita como verdadeira ou como certa. A análise de suposições tenta trazer à tona as hipóteses existentes em torno da iniciativa para minimizar os riscos envolvidos quando se está assumindo prerrogativas durante o processo de planejamento de um projeto específico.

A análise de suposições envolve uma participação e engajamento dos *stakeholders*, o quais devem estar alheios a emoção, porém estar livre para o uso da imaginação. A realização desta envolve quatro etapas: definir suposições, definir inferências, analisar suposições e as inferências, e obter concordância. Veja na figura 19.

Figura 19 – Etapas da análise de suposições

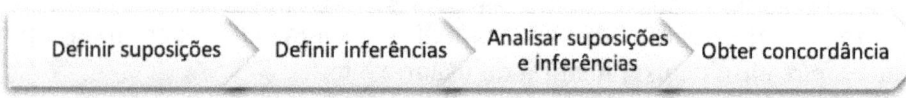

Fonte: Elaborado pelo autor 23

- Definir suposições (se) – identifique quais as suposições existentes relacionadas com a inciativa. *Stakeholders* devem ter total liberdade para definir as suposições.
- Definir inferências (então) – Para cada suposição determine quais as consequências relacionadas com as mesmas. *Stakeholders* devem estar comprometidos e livre de sentimentalismos para definir o conteúdo das suposições estabelecidas (Se...) e com o que pode se concluir a partir das mesmas (Então...).
- Analisar suposições e inferências – Cada pressuposto é então analisado para determinar sua precisão e identificação de todos os riscos em potencial.
- Obter concordância – Garanta que os principais *stakeholders*, considerados chaves para iniciativa, concordem e aprovem o resultado da análise.

Principal referência: ARCANGELI, 2018.

Técnica 05 – Análise PESTLE

Objetivo

Analisar fatores macro ambientais que podem ter um impacto no desempenho da iniciativa bem como permite a identificação de *stakeholders* multidisciplinares e relacionamentos pré-existentes.

Descrição

O PESTLE (do inglês *Political, Economic, Socio-cultural, Technological, Legal and Enviromental*) é uma técnica de planejamento estratégico utilizada para avaliar o impacto de fatores políticos, econômicos, sociais, tecnológicos, jurídicos e ambientais na organização, e para facilitar o entendimento destas influências externas na iniciativa. Esta análise que considera o ambiente externo a organização, e pode funcionar como uma fermenta na identificação dos *stakeholders*, bem como, os riscos e problemas em potencial. São considerados seis fatores nesta análise:

- Política – determinam até que ponto um governo pode influenciar a economia ou uma certa indústria. São exemplos:
    - Política fiscal.
    - Tarifas comerciais.
    - Estabilidade do governo.
    - Liberdade de expressão.
    - Corrupção.
    - Atual partido no controle.
    - Tendências de regulação.
    - Política fiscal.
    - Controles de comércio.
    - Guerra.
    - Política governamental.
    - Eleições.
    - Terrorismo.

- Economia – impactam diretamente nos negócios da organização e têm impacto ao longo prazo. São exemplos:
    - Taxa de inflação.
    - Taxa de juros.
    - Taxa de câmbio estrangeiro.
    - Padrões de crescimento econômico.
    - Estágio do ciclo de negócios.
    - Crescimento econômico atual e projetado.
    - Tendências internacionais.
    - Crescimento de emprego.
    - Desemprego
    - Oferta de mão-de-obra.
    - Níveis de rendimento disponível em toda a economia e distribuição de renda.
    - Globalização.

- Social – leva em consideração todos os eventos que afetam o mercado e a comunidade socialmente. São exemplos:
    - Cultura.
    - Normas.
    - Dinâmica populacional.
    - Crescimento populacional e demografia.
    - Saúde, educação e mobilidade social da população.
    - Atitudes do consumidor.
    - Publicidade e mídia.
    - Estilo de vida e atitudes sociais.
    - Eventos importantes para a população.
    - Mudanças socioculturais.

- Tecnologia – dizem respeito a inovações que podem afetar as operações da indústria e o mercado. São exemplos:
  - Impacto das novas tecnologias.
  - Invenções e inovações.
  - A internet.
  - Licenciamento e patentes.
  - Financiamento de pesquisa e desenvolvimento.
- Legal – leva em consideração todos os aspectos legais. São exemplos:
  - Legislações nacional e internacional
  - Leis trabalhistas.
  - Novas leis.
  - Órgãos reguladores.
  - Regulamentações específicas do setor.
  - Institutos de proteção ao consumidor.
- Ambiental – incluem todos aqueles que influenciam ou são influenciados pelo ambiente circundante. São exemplos:
  - Ecologia
  - Questões ambientais internacionais, nacionais e locais.
  - Regulamentos ambientais
  - Cultura organizacional.
  - Moral e atitudes pessoais.

A aplicação desta técnica pode ser composta por quatro etapas, em um processo cíclico, que envolvendo uma extensa análise para levantar fatores, classificar fatores, elaborar plano de ação, executar plano de ação e revisar dados obtidos. Confira na figura 20.

Figura 20 – Processo da análise PESTLE

Fonte: Elaborado pelo autor 24

- Levantar fatores – realize a Técnica 09 – Brainstorming e considere todos os fatores e os *stakeholders* envolvidos nestes.
- Classificar fatores – Classifique os fatores de acordo com a importância e os riscos envolvidos
- Elaborar plano de ação – elabore um plano de ação para tratar possíveis problemas, ou minimizar seu impacto.
- Executar plano de ação – execute o plano de ação para gerenciar as ameaças significativas.
- Revisar – revise os fatores listados ao longo do ciclo de vida da iniciativa, de modo a incluir novos fatores ou excluir os antes levantados.

Referência: RASTOGI; TRIVEDI, 2016.

Técnica 06 – Análise SWOT

Objetivo

Utilizado para identificar pontos fortes e fracos internos a organização, bem como, as oportunidades e ameaças externas, auxiliando na identificação de riscos.

Descrição

A análise SWOT é uma ferramenta fácil de ser utilizada para reconhecer fatores que causam oportunidades (riscos positivos) e ameaças (riscos negativos), incluindo fatores relacionados com os *stakeholders* relacionados com a iniciativa. O SWOT usa uma estrutura (matriz) de análise e desenvolvimento com 4 quadrantes, e é um acrônimo para Pontos fortes, Pontos Fracos, Oportunidades e Ameaças (*Strengths, Weaknesses, Opportunities and Threats* em inglês).

A aplicação da análise envolve duas principais atividades: identificar e analisar os fatores SWOT. Ver figura 21.

Figura 21 – Matriz da análise SWOT

Fonte: Elaborado pelo autor 25

- Identificação dos fatores SWOT – realize Técnica 09 – Brainstorming e capture os fatores positivos e negativos na matriz.
    - Pontos Fortes (Foco Interno): características de negócios ou projetos que dão vantagens sobre os outros.
    - Pontos Fracos (Foco Interno): características do negócio ou do projeto que dão desvantagens em relação aos outros.

- Oportunidades (Foco Externo): elementos no ambiente que poderiam explorar vantagem para o negócio ou projeto.
  As oportunidades que podem ser geradas a partir dos pontos fortes são os riscos positivos.
- Ameaças (Foco Externo): elementos no ambiente que podem causar problemas para o negócio ou projeto.
  As ameaças geradas a partir das minhas fraquezas são os riscos negativos.

• Análise dos fatores SWOT – em grupo, analise os pontos fortes, pontos fracos, oportunidades e ameaças combine os semelhantes e descarte as ideias desnecessárias coletadas na etapa anterior, priorize todos os fatores em uma ordem de classificação.

Depois de concluir a análise, identifique riscos com base em fatores SWOT e adicione seu registro de riscos:
- Riscos positivos – todas as oportunidades identificadas.
- Riscos negativos – todas as ameaças identificadas.

É importante lembrar que, para cada novo risco identificado, você deve definir estratégias nas quais possa usar os pontos fortes e as oportunidades para minimizar os pontos fracos e evitar ameaças.

Principal referência: SARSBY, 2016.

Técnica 07 – Avaliação de qualidade dos dados de risco

Objetivo

Identificar elementos de dados errôneos e realizar a estimativa do impacto do mesmo no processo do negócio, cooperar com a análise qualitativa dos riscos.

Descrição

Um dado pode ser corrompido por inúmeros razões em um determinado processo. A avaliação de qualidade de dados pretende fazer a conexão necessária entre as consequências da má qualidade dos dados com as suas causas, e geralmente a análise é auxiliada por *softwares* que ajudam na captura de dados defeituosos e envio de alertas.

A qualidade do dado pode levar em consideração fatores como precisão, completude, valor e consistência. A principal regra em uma validação da qualidade de dados é estabelecer uma regra para a qualidade do dado, a qual consiste em uma constante que valida o elemento do dado ou a relação entre diversos elementos de dados (geralmente implementado utilizando um programa de computador).

O processo de implementação desta técnica pode envolver quatro etapas, compreendido no levantamento dos dados, na identificação, medição e monitoração do risco. Veja a figura 22.

Figura 22 – Etapas da avaliação de qualidade dos dados de risco

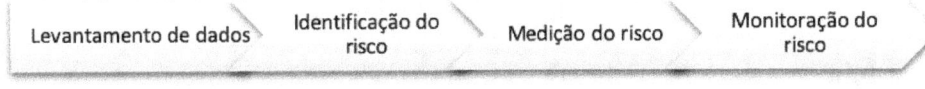

Fonte: Elaborado pelo autor 26

- Levantamento de dados – todos os relacionamentos entre unidades organizacionais, processos, serviços e dados, se não forem conhecidos, são reconstruídos. Deve-se fornecer uma imagem dos principais usos dos dados, dos provedores e dos consumidores dos fluxos de dados. Os relacionamentos podem ser representados em matrizes e organizados por meio de *softwares* especializados.
- Identificação do risco – prever identificar os eventos de perda causados pela baixa qualidade dos dados, bem como, fatores como a perda do valor econômico causado. Os valores podem por exemplo serem números absolutos, uma porcentagem em relação a variáveis de referência ou uma avaliação qualitativa.

- Medição do risco – selecione as métricas apropriadas para medir o risco (quantitativas e qualitativas), considerando a possibilidade de aplicar esta métrica a um conjunto de dados específico.
- Monitoração do risco – definir os limites de monitoração, e quais alertas (por meio do uso de um software que monitoração desenvolvido para este fim) que devem ser enviados quando uma certa detecção pré-determinada for registrada.

Principais referências: BATINI et al., 2017 / MAYDANCHIK, 2007.

Técnica 08 – *Balanced Business Scorecard*

Objetivo

Desenvolver métricas de negócios em torno do aprendizado e da educação efetiva dos *stakeholders* para ser apresentado por meio de um relatório estruturado.

Descrição

Esta técnica oferece uma estrutura para traduzir os objetivos estratégicos de negócios em medidas de desempenho bem definidas, e monitora-las por meio de um relatório estruturado. Podendo então, ajudar a organização a desenvolver métricas para medir processos internos de negócios, satisfação do cliente e resultados financeiros. A técnica *Balanced Business Scorecard* (BBS) ajuda a determinar quatro perspectivas de negócios distintas (áreas) que precisam ser monitoradas para estarem diretamente alinhadas com a estratégia e a visão da empresa. Confira o fluxo desta técnica na figura 23.

Figura 23 – Fluxo do BBS

Fonte: Elaborado pelo autor 27

- Financeiro – as perspectivas do *stakeholder* de um ponto de vista financeiro. Geralmente relacionado à rentabilidade medida (por exemplo, receita operacional, retorno sobre o capital empregado, valor econômico agregado).
- Cliente – essa perspectiva se concentra nas necessidades da empresa para criar valor para o cliente para ter sucesso financeiro (por exemplo, encontrar novos clientes, reconhecimento da marca e confiança, satisfação do cliente).
- Processo Interno-Negócio – esta perspectiva concentra-se nos processos internos do negócio operando para aumentar o valor do cliente, incluindo

processos de inovação (design de produto e desenvolvimento de produto) e processos operacionais (fabricação, marketing e serviços pós-venda).
- Aprendizado e Crescimento – esta perspectiva se concentra no desempenho organizacional através do apoio contínuo dado às estratégias de criação de valor direcionadas ao aprimoramento do atendimento ao cliente (por exemplo, capital humano, cultura, tecnologia e infraestrutura).

Com essa técnica, o analista de negócios / engenheiro de requisitos pode ajudar os *stakeholders* definindo as lacunas de conhecimento nos negócios, aprimorando a gestão do conhecimento e a orientação em toda a empresa. Estes profissionais podem auxiliar na implementação desta técnica nas seguintes atividades:
- Avaliação e compreensão da missão estratégica e visão de negócios da organização.
- Identificação dos objetivos estratégicos de negócios para cada perspectiva.
- Elaboração de um mapa estratégico ou diagrama que mostre as conexões ou relações entre os objetivos estratégicos.
- Delineação de métricas específicas para medir o progresso de cada meta estratégica, incluindo a identificação de como o desempenho será avaliado e quais padrões devem ser atendidos:
  - métricas para avaliar a eficácia dos processos internos de negócios;
  - métricas para garantir a satisfação do cliente;
  - métricas para metas financeiras.
- Após a implementação do novo processo, avaliar periodicamente o BBS elaborado, acompanhando os objetivos e comunicando os resultados aos *stakeholders*.

O *Balanced Business Scorecard* ajuda substancialmente os stakeholders a obter clareza e consenso sobre a estratégia de negócios. E a participação dos analistas de negócios e engenheiros de requisitos como facilitadores podem colaborar em um melhor relacionamento com os *stakeholders*, bem como, na melhoria do domínio sobre os dados de negócio relacionados à iniciativa.

Principal referência: TRUDEL, 1997.

Técnica 09 – *Brainstorming*

Objetivo

Reunir uma lista das ideias contribuídas espontaneamente por *stakeholders* para encontrar uma conclusão para um problema específico.

Descrição

A técnica *Brainstorm*, ou tempestade de ideias em português, consiste em coletar o maior número possível de ideias ou informações dos *stakeholders* a partir de uma premissa inicial.
Pode-se considerar três etapas para a execução desta técnica: planejar sessão, executar o *Braistorming* e analisar os dados. Ver figura 24.

Figura 24 – Etapas do *Brainstorm*

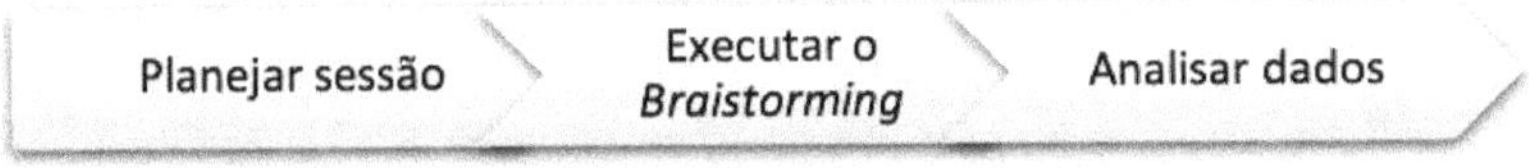

Planejar sessão → Executar o Braistorming → Analisar dados

Fonte: Elaborado pelo autor 28

- Planejar sessão – estabelecer quais *staleholders* participarão da sessão, convida-los e confirmar presenças. Disponibilizar espaço físico e materiais necessário para a realização da reunião.
- Executar o *Braistorming* – a sessão de *Brainstorming* deve abordar uma questão específica, a ser realizada em um grupo de aproximadamente 5-12 pessoas, incluindo especialistas e novatos. As quatro regras gerais do brainstorming são:
  - Escolha quantidade – gere o maior número possível de ideias com ênfase na quantidade de ideias geradas, e não na qualidade das ideias.
  - Suspenda críticas – não critique uma ideia e mantenha todos os julgamentos fora do processo de geração de ideias, até que o processo de brainstorming termine.
  - Bem-vindo a ideias malucas – Acolhendo e encorajando ideias malucas.
  - Combine e melhore ideias – permita que os participantes combinem ideias ou melhorem as ideias uns dos outros.

  O mediador deve coletar ideias seguindo as regras acima mencionadas. Dependendo do ambiente, a coleta de ideias pode ser feita anonimamente por meio de cartões escritos pelos participantes sem auto identificação.
- Analisar dados – depois de coletar ideias, o grupo precisará usar outras técnicas para refinar e analisar todas as ideias.

Esta técnica pode ser utilizada para vários propósitos, como coleta de requisitos, nos processos criativos e de inovação, ou como parte integrante de outras técnicas apresentadas neste livro como uma forma de coleta de dados diretamente dos *stakeholders*.

Principal referência: OSBORN, 1953.

Técnica 10 – Critérios de Aceitação (Funcionalidade)

Objetivo

Definir as condições satisfatórias e os resultados finais do produto ou serviço para serem aceitos pelos *stakeholders*. Também é uma diretriz para identificar o que precisa ser testado e como a qualidade precisa ser medida.

Descrição

A definição dos critérios de aceitação devem fazer parte do registro de requisitos, independentemente do modo utilizado para documentar os requisitos de negócio.
O critério de aceitação geralmente é incluído nos documentos de requisitos. Por exemplo, ao usar Caso de Uso, uma seção deve ser incluída para descrever os critérios de aceitação que cobrem todos os requisitos descritos no caso de uso. No caso de História de Usuário, os critérios apropriados para aceitação são descritos para cada história de usuário.
Os critérios de aceitação devem está de uma forma que seja claramente entendida pela equipe de testes e pelos *stakeholders* responsáveis pela aprovação do produto / serviço. Isto é, deve comprometer-se com o nível de confiança esperado pelo cliente na entrega final, definindo a funcionalidade mínima do produto ou serviço.

A definição do critério de aceitação deve ser capturada durante a coleta de requisitos. É essencial que o usuário final, ou a pessoa responsável pela definição dos requisitos, seja consultado na elaboração dos critérios de aceitação, bem como, após a elaboração, a aprovação por eles é essencial para uma definição robusta e confiável das características da solução.
Em geral, os critérios de aceitação devem ser específicos, apresentarem dados de performance, respostas esperadas e disponibilidade, bem como outros detalhes necessários para o teste e aceitação do usuário. Confira na figura 25.

Figura 25 – Características dos critérios de aceitação

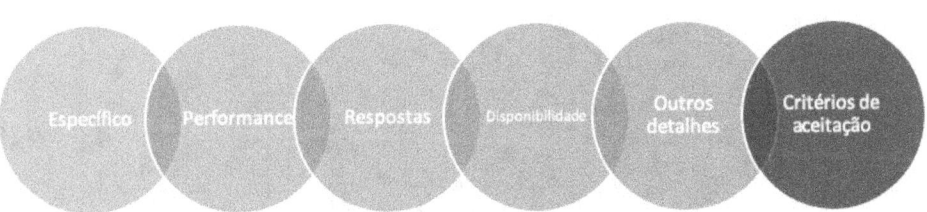

Fonte: Elaborado pelo autor 29

- Específico - os critérios de aceitação devem conter informações e operações específicas relacionadas com o produto e serviço que será entregue.
- Performance – é ideal que ser apresente os dados de performance esperado.
- Respostas – deve descrever as características de respostas das funcionalidades do produto.
- Disponibilidade – estabelecer as disponibilidades e capacidades esperaras no uso do produto ou serviço.
- Outros detalhes – defina outros detalhes do produto ou serviço como sobre usabilidade, segurança, escalabilidade e confiabilidade.

Principal referência: IIBA, 2015.

Técnica 11 – Delphi

Objetivo

Examinar e discutir uma questão específica para o objetivo de identificar riscos, estabelecer metas, investigar políticas ou prever ocorrência de eventos futuros, por meio de um processo de comunicação em grupo e consulta anônima a especialistas.

Descrição

Delphi é uma técnica amplamente utilizada e aceito para alcançar convergência de opinião, onde uma equipe de especialistas é consultada anonimamente para a identificação dos riscos. O processo consiste na elaboração de uma lista de perguntas, as quais são enviadas aos *stakeholders* considerados especialistas no assunto em questão. Logo após as respostas são compiladas e os resultados divergentes são enviados de volta aos mesmos *stakeholders* para uma revisão até que um consenso seja alcançado.

A técnica Delphi envolve pelo menos quatro etapas com rodadas de perguntas, sendo um processo contínuo e iterativo com quatro principais etapas que podem se repetir até que se considere que um consenso foi atingido. Veja figura 26.

Figura 26 – Etapas da técnica Delphi

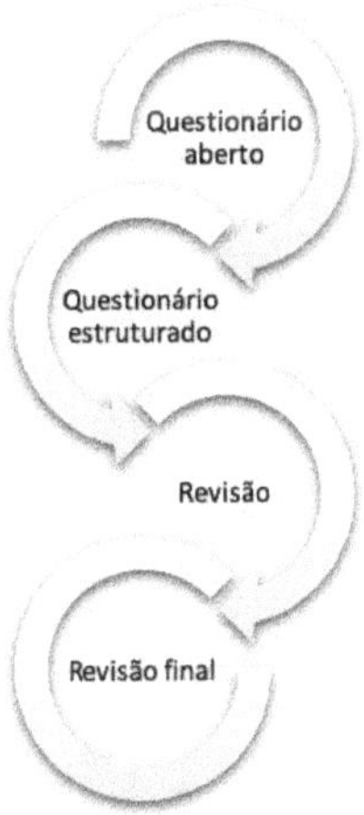

Fonte: Elaborado pelo autor 30

- Questionário aberto – um questionário aberto é aplicado. O mesmo deve servir como uma base para solicitar informações específicas sobre a área de conteúdo de um tema. Depois de receber as respostas dos participantes, os pesquisadores precisam converter as

informações coletadas em um questionário estruturado, que será utilizado na segunda etapa.
- Questionário estruturado – o questionário estruturado é aplicado para indicar as razões e prioridades de classificação entre os itens. Então são identificas as áreas de desacordo e acordo.

  O questionário estruturado geralmente contém conjunto de perguntas padronizadas com um esquema fixo, que especifica a redação e a ordem exatas das perguntas, para coletar informações dos respondentes.
- Revisão – um questionário com itens e classificações resumidos pelos investigadores na etapa anterior e é solicitado para rever seus julgamentos ou especificar as razões para permanecer fora do consenso obtido pela etapa anterior.
- Revisão final – questionário com lista de itens, classificações, opiniões restantes e minoritárias é distribuído para os participantes. Esta rodada oferece uma oportunidade final para os participantes revisarem seus julgamentos.

Principal referência: HSU; SANDFORD, 2007.

CAPÍTULO 6 Técnicas 113

Técnica 12 – Entrevistas

Objetivo

Levantar informações por meio de uma conversa onde o entrevistador faz perguntas para obter fatos ou declarações do entrevistado.

Descrição

Em geral as entrevistas dos *stakeholders* podem obter melhor resultado se forem realizadas pessoalmente frente a frente, porém caso não seja possível, podem ser conduzidas por outros meios como vídeo conferência ou por telefone. Uma entrevista envolve algumas atividades e pode ser conduzida seguindo três etapas: antes, durante e após a entrevista. Veja figura 27.

Figura 27 – Etapas em entrevistas

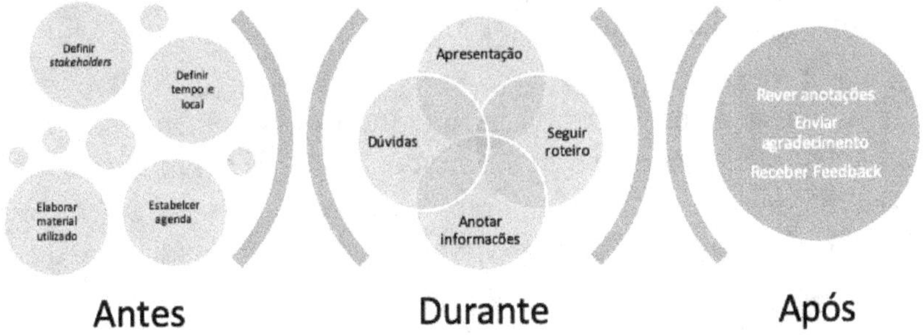

Antes — Definir stakeholders; Definir tempo e local; Elaborar material utilizado; Estabelecer agenda

Durante — Apresentação; Dúvidas; Seguir roteiro; Anotar informações

Após — Rever anotações; Enviar agradecimento; Receber Feedback

Fonte: Elaborado pelo autor 31

- Antes da entrevista:
  - Defina quais os *stakeholders* devem ser entrevistados, se os mesmos estão disponíveis, ou se é necessário obter alguma autorização para que a entrevista seja realizada.
  - Defina qual o tempo disponível e o local que será realizada a entrevista.
  - Defina qual material será utilizado como roteiro na entrevista, se será utilizado um questionário pré-estabelecido, ou itens em aberto a serem discutidos.
  - Agende a entrevista e confirme a presença do entrevistado.
  - Envie antecipadamente ao entrevistado as informações introdutórias sobre a iniciativa, e se possível as perguntas que serão realizadas.
- Durante a entrevista:
  - Apresente as informações sobre a iniciativa e o objetivo em comum almejado.

- Siga o roteiro da entrevista, fazendo perguntas claras e objetivas e permitindo que o entrevistado tenha tempo suficiente para formular a resposta.
- Anote as informações importantes. Caso deseje gravar a entrevista em áudio ou vídeo, solicite autorização do entrevistado anteriormente.
- Dê oportunidade para que o entrevistado apresente as próprias dúvidas sobre a iniciativa.
- Finalize a entrevista fazendo um resumo dos principais assuntos abordados.
* Após a entrevista:
  - Rever as notas e gravações logo após a entrevista. Colete as informações necessárias.
  - Envie ao entrevistado um retorno com agradecimento pela disponibilidade (e-mail, carta ou telefonema), bem como esclarecimento sobre quaisquer dúvidas ou questões em aberto.
  - Envie formulário de feedback.

As melhores práticas encontradas na literatura para realizar uma entrevista com o *stakeholder* quando se está definindo a solução em uma iniciativa são:
* Desenvolver um relacionamento harmonioso com o entrevistado, iniciando a entrevista com perguntas não relacionadas ao design ou conversas informais. Usando perguntas pessoais (quando apropriado) para desenvolver um relacionamento.
* Seja flexível e oportunista, reconhecendo as áreas relevantes e acompanhando-as no momento.
* Use uma estratégia de entrevista cooperativa e criativa, fazendo perguntas ou fazendo comentários que aumentem o senso de propriedade dos *stakeholders* sobre os requisitos do produto.
* Verifique as conclusões tiradas da entrevista, garantindo que as conclusões tiradas são precisas.
* Evite interpretações erradas, faça uma pergunta esclarecedora para garantir um entendimento completo.
* Use técnicas de questionamento projetivo, fazendo perguntas usando histórias, metáforas ou situações hipotéticas.
* Incentive o pensamento profundo, fazendo perguntas que exijam: analisar, integrar ideias ou usar o raciocínio.

Principal referência: MOHEDAS et al., 2016

Técnica 13 – Escuta ativa

Objetivo

Confirmar a compreensão em uma conversa com *stakeholders*, promover boas relações de trabalho e contribuir como apoio positivo em uma negociação ou resolução de conflito.

Descrição

Escuta ativa é mais do que é uma técnica, pode ser também considerada como uma habilidade comportamental muito importante a ser exercida pelo analista de negócios e o engenheiro de requisitos no momento de lidar com os *stakeholders*.

O uso da técnica de escuta ativa não significa apenas atuar como um ouvinte passivo, implica em ser um interlocutor que escuta com cuidado, compreende e interage em uma conversa. O processo dessa técnica envolve uma série de tarefas lógicas necessárias para a compreensão correta da mensagem em uma conversa. Veja figura 28.

Figura 28 – Etapas da escuta ativa

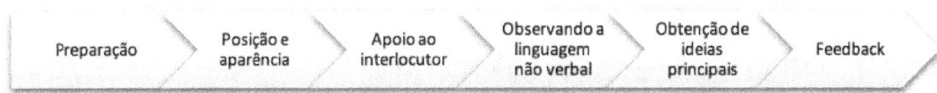

Fonte: Elaborado pelo autor 32

- Preparação – a primeira tarefa envolve a preparação necessária para ouvir o interlocutor, levando em consideração três aspectos:
    - Definir tempo e lugar para manter o discurso.
    - Conhecer as informações necessárias sobre o palestrante.
    - Manter atitude positiva frente foi estar triste.
- Posição e aparência – a segunda tarefa refere-se a como a posição corporal e aparência interferem na conversa para demostrar o quanto você é um ouvinte ativo. Os três principais aspectos são:
    - Respeite a proximidade ou distância entre quem fala e quem ouve.
    - A posição no corpo deve ser verificada, sentando-se ao lado esquerdo do interlocutor (quem se senta à esquerda, geralmente tem melhor desempenho).
    - Olhe diretamente um para o outro, mantendo o contato visual.
- Apoio ao interlocutor – a terceira tarefa é o estágio em que você deve apresentar o apoio ao interlocutor, demonstrando que você está atento e encorajando-o a continuar falando usando:
    - Reforço positivo.

- Parafraseando.
- Reformulação da frase.
- Desenvolvimento (pedir esclarecimento de mensagem).
- Fazendo perguntas.
- Silêncio (apresentando reflexão sobre o que foi falado ou está sendo dito).
- Acenando a cabeça para conformar entendimento e expressões faciais de confirmação.
* Observando a linguagem não verbal – a quarta tarefa cobre todas as conversas e pretende entender a linguagem não-verbal do locutor como:
  - Gestos corporais.
  - Expressões faciais.
  - Características de voz.
* Obtenção de ideias principais – a quinta tarefa é reservada para obter as principais ideias, detectando o conceito principal da mensagem e envolve:
  - Localizar as palavras-chave que carregam um significado para a conversa.
  - Extrair as principais ideias conectar as palavras-chave.
  - Criar uma representação de metal da ideia principal.
* *Feedback* – a sexta tarefa é a fase final que representa o feedback e comentários necessários por meio de:
  - Feedback verbal (resumindo o discurso)
  - Feedback não verbal (gestos corporais e expressões faciais para confirmar entendimento e reafirmar acordos).

As etapas e atividades acima são sugestões para ajudar na aplicação da escuta ativa, podendo variar de acordo com o grupo de *stakeholders* ou cultura da organização.

Principal referência: CRESPO, 2010.

Técnica 14 – Estrutura Organizacional

Objetivo

Apresentar graficamente a estrutura das relações entre empregos, sistemas, processos operacionais, pessoas ou grupos em uma organização. Define como as atividades em uma empresa estão divididas, organizadas e coordenadas.

Descrição

A aplicação desta técnica é simples, porém exige o conhecimento hierárquico das funções e departamentos dentro da organização.
Um método comum de representar a estrutura organizacional de uma empresa é por meio de um organograma (Ver a figura 29), o qual é usado para descrever graficamente a estrutura hierárquica organizacional, as unidades de uma organização e os principais papeis desempenhados.

Figura 29 – Representação gráfica da estrutura organizacional

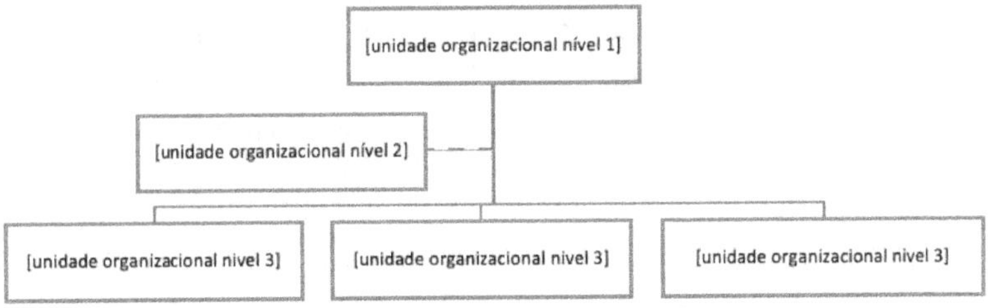

Fonte: Elaborado pelo autor 33

Em geral, as regras para desenhar um organograma são:
- Use uma caixa retangular ou círculo para mostrar unidades organizacionais.
- Inclua no topo do organograma a unidade organizacional mais importante.
- A distância entre das demais unidades incluídas e unidade mais alta indica a potência das mesmas. Quando mais alta no organograma, maior é o poder da unidade na organização.
- Use linhas entre unidades organizacionais para mostrar as relações organizacionais.
  - Quando a relação de poder entre duas unidades é parcial, uma linha intermitente é apresentada (---).

Representar as funções executadas pelas unidades, envolve considerar a divisão do trabalho, o que geralmente é realizado por um processo de departamentalização. As diferentes formas de departamentalização, que muitas vezes podem ser combinadas entre si, são:

- Função – as funções são agrupadas de acordo com a função especializada. Exemplo: marketing, finanças, produção e etc.
- Processo – as funções são representadas pelo processo existe. Geralmente utilizado em empresas de manufatura. Exemplo: Padrões de design, tratamento de materiais, pintura e acabamento.
- Produto – as funções são agrupadas pelo tipo de conhecimento especializado da de determinados produtos ou serviços. O nome do produto representa o departamento.
- Mercado – as funções são agrupadas pelos diferentes tipos de mercado de responsabilidade da unidade. Exemplo: Governo, Educação e etc.
- Cliente – as funções são agrupadas pelos principais clientes. O nome do cliente pode representar um departamento.
- Área geográfica – as funções são agrupadas por regiões ou países ao redor do mundo.
- Matricial – este modo de departamentalização é utilizado quando um grupo temporário é formado para atender a uma iniciativa a ser realizada dentro de um determinado período de tempo. Quando a iniciativa é concluída, estes profissionais com diferentes formações e experiências e de diversos setores da organização, retornam às suas atribuições regulares.

Um ponto de atenção para o resultado desta técnica, é que por vezes a hierarquia apresentada no organograma de uma estrutura organizacional pode não representar a real capacidade de poder e influência dos departamentos e cargos elencados. Quando isto acontecer, esta técnica não deve a única a ser aplicada quando se deseja verificar estes fatores na análise de *stakeholders*.

Principais referências: MONTANA, 1993 / AHMADY et al., 2016.

Técnica 15 – Gestão da realização dos benefícios

Objetivo

Gerenciar uma iniciativa de mudança de negócios realizando a identificação, definição, monitoramento, otimização e realização de benefícios com base em seus investimentos. Podendo ser utilizada como uma ferramenta de análise e monitoramento.

Descrição

A gestão da realização de benefícios garante que a mudança de negócios forneça os resultados exigidos, traduzindo os propósitos de negócios em benefícios mensuráveis que podem ser rastreados sistematicamente.

Essa técnica envolve seis etapas principais (e frequentemente sobrepostas) durante o ciclo de vida de uma iniciativa, além do gerenciamento e da entrega contínuos do programa. Confira as etapas na figura 30.

Figura 30 – Etapas na gestão da realização de benefícios

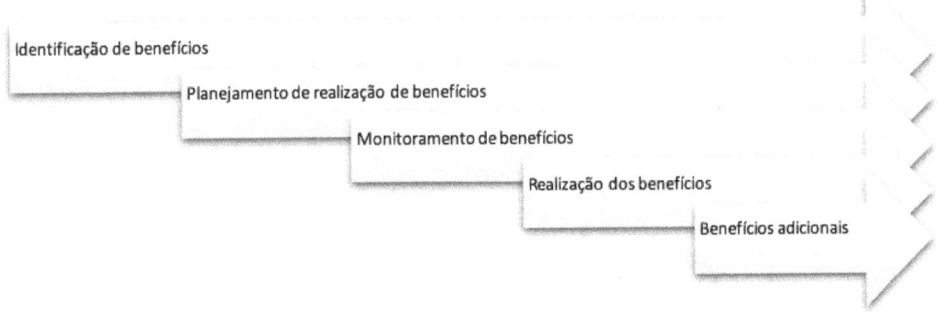

Fonte: Elaborado pelo autor 34

- Identificação de benefícios – identificar e documentar os benefícios que serão mais relevantes e convincentes para os tomadores de decisão.
- Planejamento de realização de benefícios – desenvolver um plano de gerenciamento que descreva como a organização deseja gerenciar e obter benefícios de qualquer investimento em mudança de negócios.
- Monitoramento de benefícios – comparar os resultados do projeto com o plano de realização de benefícios durante o projeto e avaliar se ocorreram mudanças internas ou externas que afetarão a entrega dos benefícios planejados.
- Realização dos benefícios – comparar os benefícios planejados com os benefícios efetivamente entregues.

- Benefícios adicionais – planejar e obter mais benefícios, além de aprender com o processo geral.

Nessa técnica, o analista de negócios ou engenheiro de requisitos deve coletar informações e reunir requisitos, durante a mudança do projeto, para suportar que:

- A equipe de trabalho e *stakeholders* envolvidos na entrega mudanças nos negócios da iniciativa.
- Os usuários de negócios e os gerentes, responsáveis por gerenciar e realizar os benefícios.
- O proprietário do projeto é responsável por garantir a gestão do processo e a realização dos benefícios.
- Os gerentes individuais das áreas de negócios, e os responsáveis pela entrega de benefícios reais.

Principal referência: WIDESTADH; SAKAR, 2005.

Técnica 16 – Lista de *Stakeholders*

Objetivo

Manter registro e controles das principais informações dos *stakeholders* em uma iniciativa.

Descrição

A lista de *stakeholders* ou registro de *stakeholders* pode ser substancial, incluindo, sistemas, funcionários, contratados, fornecedores, órgãos governamentais, financiadores, clientes e usuários finais, o público em geral, sindicatos, grupos de interesses especiais e até mesmo as partes de interesse futuro.

A lista pode ser definida de maneira granular, porém como os *stakeholders* podem ter diferentes influências dentro de uma iniciativa, esta lista pode ser resumida para aqueles que têm a maior capacidade de impactar positiva ou negativamente a iniciativa, bem como, categorizadas em vários grupos, dependendo da posição relativa no projeto, nível de envolvimento ou relações jurídicas inerentes.

Utilize esta técnica para relacionar todos os *stakeholders* obtidos desde os levantamentos iniciais da iniciativa, a princípio a lista pode s longa e com poucos detalhes, mas a medida que a iniciativa prossegue, e a análise de *stakeholders* pode ser refinada, a lista pode reduzir o tamanho e as informações dos *stakeholders* se torna mais robusta.

Figura 31 – Categorias de dados em uma lista de *stakeholders*

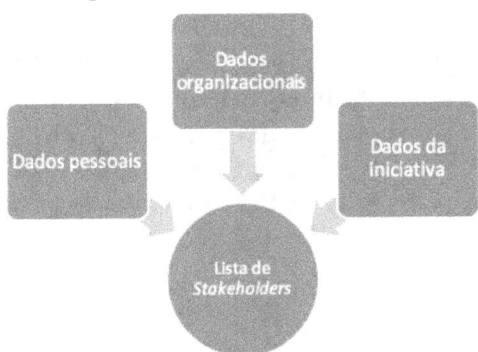

Fonte: Elaborado pelo autor 35

Inclua importante dados que possam estabelecer o vínculo entre os *stakeholders* como dados pessoais, dados organizacionais e dados da iniciativa (Ver figura 31). A lista pode ser registrada por exemplo utilizando uma planilha eletrônica, contendo as seguintes informações (mas não limitando-se a estas):

- Dados pessoais
  - Nome.
  - Idade.
  - Posição geográfica.
  - Origem cultural.
  - Gênero ou como prefere ser tratado.
  - Apedido ou como prefere ser chamado.
  - Dados para contato (Telefone, *E-mail*).
  - Endereço.
- Dados organizacionais
  - Departamento.
  - Organização a qual é filiado.
  - Chefe direto.
  - Cargo e papel que executa no processo (estes dados podem ser obtidos utilizando a Técnica 17 – Mapa da Jornada dos *Stakeholders*).
- Dados da iniciativa (estes dados podem ser obtidos utilizando a Técnica 17 – Mapa da Jornada dos *Stakeholders*)
  - Papel na iniciativa.
  - Expectativas principais da iniciativa.
  - Grupo de *stakeholders* pertencente.
  - Tipo de comunicação esperada.
  - Grau de influência na iniciativa.
  - Riscos apresentados para a iniciativa.

A lista de *stakeholder* deve ser confidencial pois pode apresentar dados sensíveis, e conter informações oriundas da análise de *stakeholders* como o grau de influência dos mesmos e riscos eminentes que envolvem sua participação. Caso seja necessário para a comunicação da iniciativa, é comum compartilhar uma lista contendo apenas dados como nome, cargo e contatos (*e-mail*, telefone) os quais em geral já são de domínio público no âmbito da organização.

Principal referência: NALEWAIK; MILLS, 2015.

Técnica 17 – Mapa da Jornada dos *Stakeholders*

Objetivo

Retratar e visualizar os estágios e interações existentes entre os *stakeholders* e os negócios da organização.

Descrição

A técnica mapa da jornada dos *stakeholders* é uma adaptação do mapeamento de jornadas do cliente, estende seu escopo para além dos consumidores da empresa, e inclui todos os grupos de *stakeholders* relevantes que influenciam os negócios da organização. A jornada é geralmente compreendida por quatros estágios:
- Consciência – estágio onde o *stakeholder* expressa um problema em potencial ou ocorreu uma necessidade.
- Consideração – estágio em que o *stakeholder* tem o seu problema ou necessidade claramente definidos.
- Decisão – estágio que o *stakeholder* define sua estratégia de solução, método ou abordagem.
- Compra – estágio que contêm as interações do *stakeholder* com a etapa de venda dos produtos ou serviços da empresa.
- Pós-Venda – estágio que contêm as interações do *stakeholder* após a venda dos produtos ou serviços da empresa.

O processo de elaboração mapeamento de jornadas dos *stakeholders* pode envolver cinco passos: estabelecer uma linha de base, selecionar e caracterizar os principais *stakeholders*, definir grupos de *stakeholders*, pesquisar *stakeholders* e mapear a jornada de cada grupo de *stakeholders*. Confira etapas na figura 32.

Figura 32 – Etapas do mapeamento da jornada dos *stakeholders*

Fonte: Elaborado pelo autor 36

- Estabelecer uma linha de base – definir o contexto do mapeamento da jornada dos *stakeholders*:
    - Qual é a iniciativa?
    - Qual a oportunidade de mercado da iniciativa?
    - Quais os produtos e serviços oferecidos e planejados pela iniciativa?

- Selecionar e caracterizar os principais *stakeholders* – identificar e entender quais são os principais *stakeholders*.
- Definir grupos de *stakeholders* – segmentar grupos de *stakeholders* com base em detalhes geográficos, demográficos, psicográficos ou definidos de acordo com os termos mais significativos para a iniciativa.
- Pesquisar *stakeholders* – identificar as variáveis que influenciam as interações dos grupos de *stakeholders* na inciativa para cada estágio da jornada, bem como as suas motivações, as suas necessidades reais e latentes.
- Mapear a jornada de cada grupo de *stakeholders* – para cada grupo, registrar as informações coletadas na pesquisa referentes a cada etapa da jornada, e a cada estágio subdividir nos seguintes componentes:
  - Objetivo – o objetivo do *stakeholder* no estágio.
  - Ação – qual a ação executada pelo *stakeholder*.
  - Pontos de contato – qual as intercessões entre o *stakeholder* e a iniciativa neste estágio.
  - Sentimento – critérios para determinar se os pontos do estágio estão na categoria problemático ou oportunidade.
  - Pontos problemáticos – os pontos na jornada que podem prejudicar a iniciativa.
  - Pontos de oportunidade – os pontos na jornada que podem ajudar a iniciativa.
  - *Insights*-chave – relevantes compreensões de algo ou determinada situação neste estágio

As descobertas geralmente são registradas em um modo visual (gráfico) / mapa contendo os estágios e componentes da jornada dos *stakeholders*. Confira modelo na figura 33.

Figura 33 – Modelo de mapa de jornada dos *stakeholders*

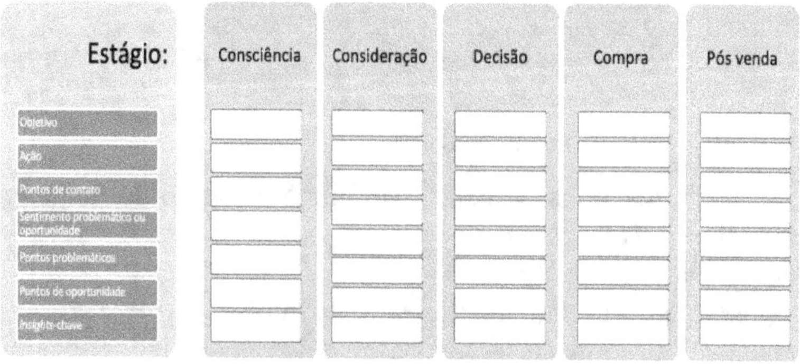

Fonte: Elaborado pelo autor 37

Os Stakeholders chaves e que são parte das jornadas ou que conhecem bem os estágios relacionados, devem ser convidados a participar dos workshops (Ver Técnica 30 – Workshops) para estudar os grupos de stakeholders e capturar informações suficientes para a iniciativa.

Por fornecer informações sobre o estado emocional dos *stakeholders* ao longo de sua jornada, esta técnica ajuda a compreender enfaticamente as motivações de cada grupo de *stakeholders* e as suas necessidades reais.

Referência: ORTBAL et al., 2016.

Técnica 18 – Matriz de Poder e Interesse

Objetivo

Classificar *stakeholders* conforme atributos chaves de acordo com o nível de impacto dos mesmos na iniciativa.

Descrição

Existem vários métodos utilizados para mapear *stakeholders*, porém os mais comuns consistem em representar os *stakeholders* em uma matriz de poder e interesse tendo atributos-chave em seus eixos.
A aplicação da matriz de poder e interesse deve envolver pelo menos as etapas de levantamento inicial, seleção de *stakeholders*, elaboração da matriz, nomeação dos *stakeholders* e análise dos resultados. Ver figura 34.

Figura 34 – Etapas da matriz de poder e interesse

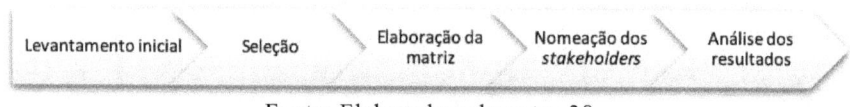

Fonte: Elaborado pelo autor 38

- Levantamento inicial – levante os dados necessários. Utilize a Técnica 09 – *Brainstorming* para auxilia-lo no mapeamento dos dados.
- Seleção – selecione quais grupos de *stakeholders* serão analisados. Identifique os *stakeholders* e registre-os os dados utilizando a Técnica 16 – Lista de *Stakeholders*.
- Elaboração da matriz – identifique quais são os atributos-chaves e as estratégias de engajamento necessário. Defina qual será como seu mapeamento será direcionado, e cria uma matriz, nomeando os quadrantes e atributos-chaves importantes para o seu mapeamento.
- Nomeação dos *stakeholders* – inclua os nomes individuais ou dos grupos de *stakeholders* nos devidos quadrantes da matriz.
- Análise dos resultados – com a matriz construído, levante/registre os principais interesses e preocupações dos *stakeholders* e identifique os recursos ou suporte necessários.

Estes atributos podem variar de acordo com a sua necessidade de análise, como por exemplo importância versus influência, impacto versus prioridade, poder versus interesse, prontidão versus poder, apoio versus oposição ou interferência construtiva versus interferência destrutiva e etc.
Os quadrantes podem ser nomeados baseado na estratégia de engajamento que será tomada, por exemplo "manter satisfeitos", "gerenciar (de perto)",

"(apenas) monitorar", "(apenas) manter informado" e ainda incluir o grau dos atributos como "baixo" ou "alto". Ver figura 35.

Figura 35 – Matriz de poder e interesse

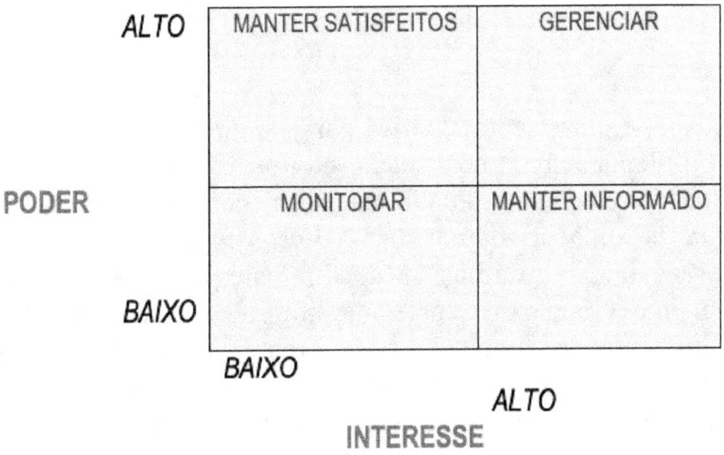

PODER		INTERESSE	
		BAIXO	ALTO
ALTO		MANTER SATISFEITOS	GERENCIAR
BAIXO		MONITORAR	MANTER INFORMADO

Fonte: Elaborado pelo autor 39

Principal referência: MATHUR ET AL., 2007.

Técnica 19 – Mapa Mental

Objetivo

Organizar informações visualmente por meio de um diagrama hierárquico que mostra relações entre partes do todo.

Descrição

O mapa mental é uma técnica gráfica para capturar a estrutura geral de um tópico ou problema bem como as ideias e informações relacionadas.

Como outras ferramentas de diagramação, mapas mentais podem ser úteis para registrar informações durante um *brainstorming*, resumir informações e anotações, consolidar informações de diferentes pesquisas fontes, refletir sobre problemas complexos, apresentar informações em um formato que mostre a estrutura do assunto, estudar, reter e recuperar informações e promover aprendizado significativo em vez de memorização.

Além de ser de fácil aplicação, a implementação desta técnica facilita o desenvolvimento da criatividade e o aprendizado. Veja modelo na figura 36.

Figura 36 – Exemplo de mapa mental

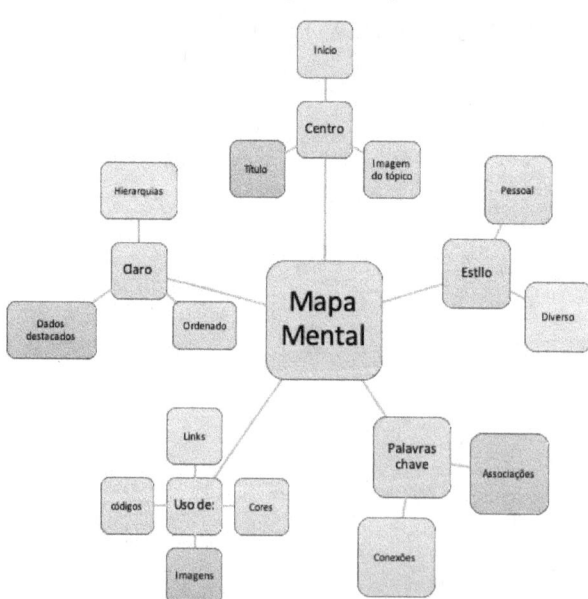

Fonte: Elaborado pelo autor 40

Mapas mentais podem engajar todo o seu cérebro a pensar criativamente quando se utiliza usa imagens, cores e imaginação combinados com palavras, números e lógica.

Segue abaixo algumas dicas para auxiliar na elaboração de um mapa metal:
- Defina como será elaborado – utilize uma folha de papel, ou algum software que suporte realizar o desenho do organograma. Há várias formas de desenhar um mapa mental, desenvolva seu próprio estilo!
- Comece no centro da página – começando no centro da página ajudará ao seu cérebro a ter liberdade para expressar suas ideias nas mais diversas direções.
- Use uma imagem ou desenho para sua principal ideia – a imagem irá ajuda-lo a expandir sua imaginação. Use também imagens nos demais nós do organograma, isso ajudará no foco e concentração.
- Use diferentes cores – as cores irão ajudar o seu cérebro a pensar criativamente.
- Conecte as principais ramificações com ideia principal, e depois relacione os outros níveis de ideias hierarquicamente – as associações irão ajudar seu cérebro entender e relembrar melhor as relações e ideias, bem como, identificar possíveis informações pendentes no organograma. (Use linhas, setas, balões de fala, ramos e cores diferentes como formas de mostrar as conexões entre o tema central e suas ideias que derivam disso.)
- Use linhas curvas nas interligações – isso deixará o organograma mais informal, menos chato e mais atrativo para o seu cérebro.
- Use palavras chaves ao invés de frases ou sentenças – palavras chaves deixam o mapa mental mais poderoso e flexível para pensar sobre as possíveis associações e conexões.
- Mantenha o mapa mental limpo e claro – usando a hierarquia radial, ordenações ou contornos para destacar dados e relacionar suas ramificações.

Principais referências: AZMAN et al., 2014 / BUZAN, 2006.

Técnica 20 – Mapa de Empatia

Objetivo

Analisar conversas e entrevistas para ajudar a projetar modelos de negócios de acordo com as perspectivas do *stakeholders*.

Descrição

Esta técnica visa entender a empatia dos *stakeholders* diante da iniciativa por meio do que eles dizem, se comportam, pensam e sentem. Podendo também ser utilizada para auxiliar na elaboração da Técnica 27 – Personas.

O mapa de empatia consiste no entendimento de algumas áreas que buscam determinar a empatia do *stakeholders*, tendo com base a elaboração de um conjunto de perguntas que orienta a obtenção destas informações. Os tipos e nomes dados às áreas consideradas para o mapa variam na literatura, mas podemos considera em geral seis áreas. Veja modelo na figura 37.

Figura 37 – Modelo do mapa de empatia

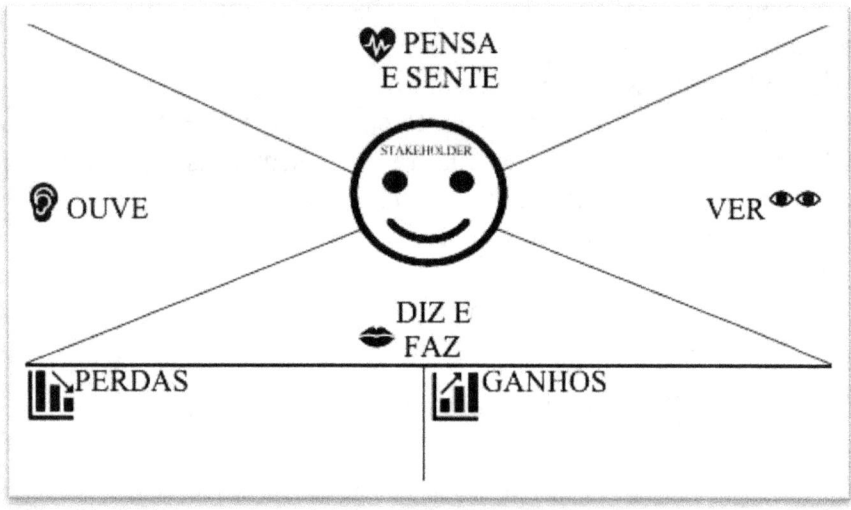

Fonte: Elaborado pelo autor 41

- Ver – o que o *stakeholder* vê em seu ambiente, o que tem encontrando em suas experiências diárias.
- Diz e faz – o que o *stakeholder* diz e como se comportam em público. Refere-se a atitude e ações em relação aos outros ou como o *stakeholder* transmite algo.
- Pense e sente – o que acontece na mente dos *stakeholders*. Podendo serem inferidos, adivinhados ou capturados em citações diretas durante a pesquisa.

- Ouve – como o ambiente influencia o *stakeholder*. Concentrando-se em elementos que afetam o pensamento do *stakeholder*.
- Perdas – as frustrações, armadilhas e riscos que o *stakeholder* experimenta.
- Ganhos – o que o tomador realmente quer e o que pode ser feito para atingir seus objetivos.

Os passos para elaborar o mapa de empatia consiste em preparar o modelo a ser utilizado, selecione os *stakeholders* que serão analisados, capturas as informações relevantes, resumir e analisar as informações capturadas. Confira na figura 38.

Figura 38 – Etapas do mapa de empatia

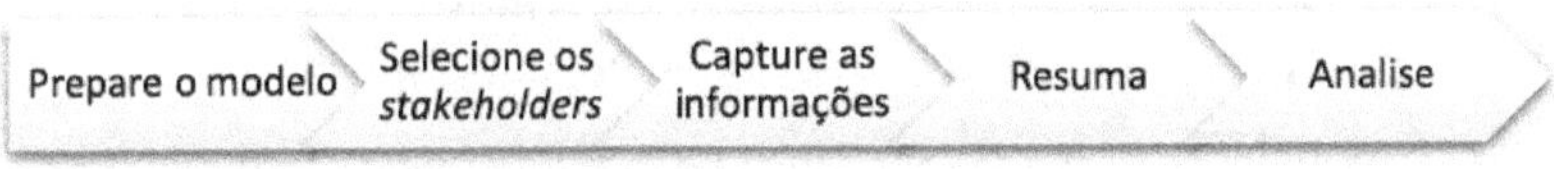

Prepare o modelo → Selecione os stakeholders → Capture as informações → Resuma → Analise

Fonte: Elaborado pelo autor 42

- Prepare o modelo – prepare o modelo do mapa de empatia com os quadrantes necessários para a iniciativa, e elabore as questões que podem auxiliar para a descoberta das informações de cada área
- Selecione os *stakeholders* – selecione os *stakeholder* relevantes e defina qual o *stakeholder* será mapeado. Resuma o papel deste *stakeholder* e tome notas. Diferentes tipos de *stakeholders* requerem diferentes mapeamento.
- Capture as informações – capture as informações auxiliados por questões pré-definidas e preencha os pontos chaves nos quadrantes do mapa.
- Resuma – elabore um resumo e compartilhe a informação. Outros membros da equipe tomam notas, e colaboram com o preenchimento dos quadrantes.
- Analise – reflita sobre os resultados encontrados, identifique as necessidades, os padrões estabelecidos, as contradições encontradas, os problemas enfrentados, dúvidas pendentes.

Principal referência: FERREIRA et al., 2015.

Técnica 21 – Matriz de avaliação do nível de engajamento

Objetivo

Avaliar o engajamento dos *stakeholders* na iniciativa de acordo com o nível de participação para identificar as lacunas entre o nível de engajamento atual e o nível esperado.

Descrição

A matriz de avaliação do nível de engajamento envolve observar o comportamento dos *stakeholders* para entender as diferenças entre a esperada e a atual participação e colaboração, para a partir de então redefinir estratégias para se atingir o engajamento almejado. O método consiste em manter uma matriz onde os *stakeholders* estão listados, confira a figura 39:

Figura 39 – Exemplo da matriz de avaliação do nível do engajamento do *stakeholder*

Stakeholder	Não informado	Resistente	Neutro	Apoia	Lidera
Stakeholder 1	C			D	
Stakeholder 2		D	C		
Stakeholder 3					D/C

Fonte: Elaborado pelo autor 43

Após listados, os *stakeholders* são classificados nas seguintes categorias:
- Desinformado – aquele que não sabe de informações sobre a iniciativa, e nem tão pouco sobre os impactos em potencial.
- Resistente – aquele que está ciente da iniciativa dos impactos potenciais, porém é resistente à mudança.
- Neutro – aquele que está ciente da iniciativa, mas não oferece apoio.
- Apoia – aquele que está ciente da iniciativa dos impactos potenciais e apoia a mudança.
- Lidera – aquele que está ciente da iniciativa dos impactos potenciais e está cooperando ativamente para o sucesso do projeto.

Os níveis são avaliados para identificar as atuais lacunas, onde:
- "C" (*current*) representa o nível de engajamento atual e
- "D" (*desired*) representa o nível de engajamento desejado.

Com o resultado da avaliação será possível realizar análises mais aprofundadas das causas, podendo ajudar no estabelecimento de novas metas e no redirecionamento de estratégias do engajamento de *stakeholders*.

Principal referência: MARTINS; NETO, 2017.

Técnica 22 – Matriz de Probabilidade e Impacto

Objetivo

Analisar, classificar e priorizar riscos baseado na combinação de probabilidade de risco individual e pontuações de impacto

Descrição

A matriz de probabilidade e impacto é um dos métodos qualitativos mais comumente usados para avaliação de risco. Isto ajuda a determinar quais são os riscos que requerem maior atenção e precisam de planos detalhados de resposta.

Em geral, os passos para a aplicação desta técnica são definir os valores e analisar os riscos:

- Definir os valores para probabilidade e impacto – esta técnica é composta por dois componentes de risco (probabilidade e impacto), aos quais são atribuídos níveis e constituídos como variáveis desta matriz. Os níveis podem ser representados de várias formas, como letras, números, porcentagens ou adjetivos. Com isso os riscos serão classificados em níveis de priorização de acordo com a combinação de sua matriz de probabilidade e impacto. Veja exemplo na figura 40:

Figura 40 – Modelo de matriz de probabilidade e impacto

		PROBABILIDADE		
		BAIXA	MODERADA	ALTA
IMPACTO	ALTA	RELEVANTE	MUITO RELEVANTE	MUITO RELEVANTE
	MODERADA	RELEVANTE	RELEVANTE	MUITO RELEVANTE
	BAIXA	POUCO RELEVANTE	POUCO RELEVANTE	RELEVANTE

Fonte: Elaborado pelo autor 44

- Analise os riscos baseado na matriz de probabilidade e impacto:
    - Liste os riscos e classifique qual a probabilidade e o impacto de cada.
    - Planeje as respostas aos riscos de acordo com o nível de severidade estabelecido.
    - Priorize os riscos de acordo com a importância do mesmo.

Documente todos os procedimentos da aplicação da matriz de probabilidade e impacto. Após finalizada a análise, revise todos os passos e complemente-os se necessário. Os resultados desta técnica ajudarão ao gerente de riscos realizar as devidas análises dos riscos e planejar as ações para mitigá-los.

Principal referência: ZAVAL; WAGNER, 2011.

Técnica 23 – Matriz RACI

Objetivo

Definir o papel dos *stakeholders* na participação das várias funções para a conclusão das tarefas ou entregas da iniciativa por meio de uma matriz de atribuição de responsabilidade.

Descrição

RACI corresponde a uma sigla para as palavras em inglês *Responsible, Accountable, Consulted* e *Informed*. Esta técnica consiste em um gráfico linear de responsabilidade que descreve quem na iniciativa é Responsável, Aprovador, Consultado e Informado em referência a alguma atribuição da iniciativa. A aplicação é bem simples, onde em uma matriz são listadas as ações necessárias de cada participante para que os objetivos sejam atingidos. Veja exemplo na figura 41.

Figura 41 – Exemplo de Matrix RACI

Papéis	Gerente de Projetos	Analista de Negócios	Engeneheiro de Requisitos	Scrum Master	Product Owner	Diretor do departamento	Chefe de Operações	Analista de contas	Departamento Legal	Analista de planejamento
Entrega		Time da iniciativa					Outros recursos			
Fase 1										
Entrega 1	I	R			A	I				
Entrega 2	I		R		A	I			C	I
Fase 2										
Entrega 1	A	R				C				
Entrega 2	A		R			C	A	C	C	I

Fonte: Elaborado pelo autor 45

A aplicação da técnica segue os seguintes passos:
- Crie uma tabela com as seguintes colunas:
  - Entrega/Atividade/Tarefa – descrição da tarefa ou atividade necessária para a iniciativa.
  - Papéis – identifique os papéis existentes na iniciativa
  - Perspectiva – opcional coluna, porém detalha em que aspecto a contribuição na tarefa é realizada. Isto ajuda a esclarecer quem é o proprietário ou apenas contribui de alguma forma ao longo do ciclo de vida da iniciativa.
- Preencha os dados necessários:

- R / Responsável – descreve o cargo do profissional responsável por executar a tarefa.
- A / Aprovador – descreve o cargo do profissional responsável por aprovar a tarefa. A regra principal é que pode haver apenas um participante Aprovador, isto é, apenas uma pessoa pode ser responsável pelo resultado. Embora essa pessoa possa delegar, ela não pode renunciar a sua responsabilidade.
- C / Consultado – descreve o cargo do profissional que deve ser consultado para que a tarefa seja executada.
- I/ Informado – descreve o cargo do profissional que apenas deve ser informado sobre a execução/entrega/aprovação da tarefa.

Aconselha-se que células entregas sempre apresentem pelo menos um responsável e um aprovador.

Periodicamente reveja a matriz RACI para avaliar as áreas que precisam de melhorias e facilitar o diálogo com a equipe de planejamento e os *stakeholders*.

Principais referências: COSTELLO, 2012.

Técnica 24 – Modelo de Processo de Negócios

Objetivo

Representar graficamente os processos da organização, para que o mesmo seja analisado, aprimorado e possivelmente automatizado.

Descrição

O modelo do processo de negócios é um passo a passo que começa a partir de um evento com o intuito de chegar a um objetivo, esses passos são chamados atividades e o melhor modo de representar e visualizar por meio de um fluxograma. Geralmente as motivações para utilizar um modelo de processo de negócios na determinação de uma solução são:
- Formalizar processo existente e apontar onde precisa ser melhorado.
- Facilitar processos de automação e fluxos mais eficientes.
- Aumentar produtividade nos processos.
- Ajudar *stakeholders* a resolver problemas difíceis.
- Simplificar problemas com regulamentos e regras.

O Modelo de Processo de Negócios, mas conhecido pela sigla em inglês BPM (*Business Process Modelling*) consiste em um método para representar graficamente algum processo utilizando padrões gráficos como por exemplo BPEL (*Business Process Execution Language*) e BPMN (*Business Process Model and Notation*).

BPEL é uma linguagem executável padrão do OASIS (*Organization for the Advancement of Structured Information Standards*) para especificar ações dentro de processos de negócios com serviços da web. É basicamente uma linguagem baseada em *xml* que permite que os serviços da *web* em uma arquitetura orientada a serviços (SOA) interconectem e compartilhem dados. Uso deste padrão exige um entendimento de programação e geralmente é utilizada por desenvolvedores de sistemas.

BPMN é uma especificação realizada pela OMG (Grupo de Gerenciamento de Objetos) e ratificado por uma norma internacional ISO/IEC 19510 para melhores práticas dentro da comunidade de modelagem de negócios. O BPMN é extenso com 116 elementos, seria ideal um capítulo ou mais dedicados somente para explicá-lo, o que não irei fazer aqui pois não é o propósito deste livro. Por isso sugiro que você recorra a leitura de livros especializados no assunto, o guia explicativo no site oficial da OMG (https://www.bpmnquickguide.com) bem como a ISO/IEC 19510.

Principais referências: HAVEY, 2005 / ISO; IEC, 2013

Técnica 25 – Plano da Análise de Negócios

Objetivo

Definir o método para realizar atividades de Análise de Negócios no projeto, bem como, os inter-relacionamentos com os *stakeholders*.

Descrição

O plano da análise de negócios consiste em definir as abordagens e métodos de Análise de Negócios a serem utilizados no projeto. Como resultado, um documento é elaborado contendo as principais atividades e entregas que são realizadas durante o projeto pelo Analista de Negócios. O conteúdo pode variar de acordo com o processo adotado pelo projeto, bem como o quanto é necessário e importante ser especificado.

Para muitos projetos, o desenvolvimento de um documento específico não é necessário, porque as responsabilidades do analista de negócios já estão claramente definidas e as entregas da Análise de Negócios já estão especificadas nos contratos ou no plano do projeto.

Um plano de Análise de Negócios deve conter no mínimo os itens detalhados abaixo. Veja os itens lista na figura 42.

Figura 42 – Itens de um plano de analise de negócios

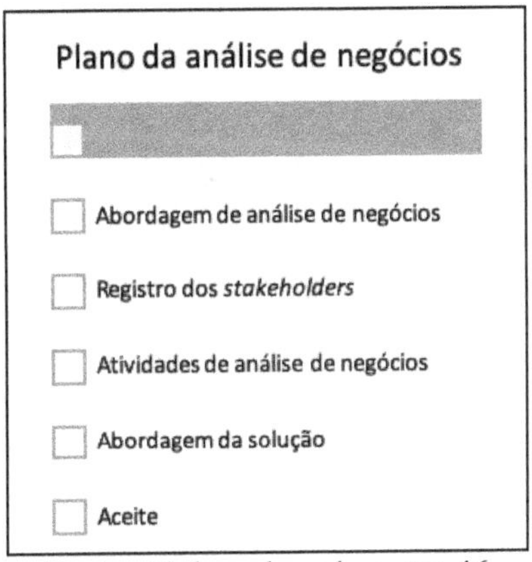

Plano da análise de negócios
- [ ]
- [ ] Abordagem de análise de negócios
- [ ] Registro dos *stakeholders*
- [ ] Atividades de análise de negócios
- [ ] Abordagem da solução
- [ ] Aceite

Fonte: Elaborado pelo autor 46

- Abordagem de Análise de Negócios – define o ciclo de vida, as entregas, os modelos e as principais tarefas.
- Registro dos *stakeholders* – inclui nomes dos *stakeholders*, posição da organização, função do projeto e informações de contato.
- Atividades da Análise de Negócios – define as principais atividades de Análise de Negócios que devem ser executadas, as entregas, a estimativa de esforço e as ferramentas de gerenciamento utilizadas.

Os pacotes de trabalho a serem executados para o projeto podem ser detalhados usando uma WBS (*Work Breakdown Structure*) por exemplo.

- Abordagem da solução – define a abordagem para criar ou obter os novos recursos necessários para satisfazer as necessidades do negócio (com base na solução que pode ser fornecida).
- Aceite – inclui todas os *stakeholders* que devem ter algum nível de autoridade em relação à revisão e aprovação de documentos.

O planejamento é fundamental para o sucesso do projeto! Embora um plano de Análise de Negócios não seja fisicamente elaborado para o projeto, é importante que o analista de negócios planeje seu próprio trabalho com base nos itens acima.

Técnica 26 – Plano de Critérios da Aceitação

Objetivo

Documentar as diretrizes dos *stakeholders* para a aceitação das entregas para que todas as partes tenham um entendimento comum sobre o que a iniciativa está entregando e sobre o que o *stakeholders* considerará no aceite do produto ou serviço.

Descrição

Desenvolva o plano de critérios de aceitação em paralelo com o plano do projeto e o contrato de serviço ao cliente (ou ainda como parte integrante destes documentos). É aconselhável que a aprovação do cliente seja feita em conjunto com esses documentos. Quando um documento separado é usado, o plano do projeto e o contrato de serviço ao cliente devem fazer referência a este. Em geral, o desenvolvimento do plano de critérios de aceitação segue as etapas mostradas na figura 43.

Figura 43 – Etapas do plano de critérios de aceitação

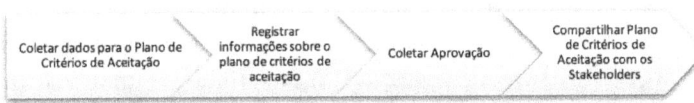

Fonte: Elaborado pelo autor 47

- Coletar dados para o plano dos critérios de aceitação – a primeira tarefa consiste em coletar os dados necessários que compõem o plano.
- Registrar informações sobre o plano dos critérios de aceitação – a segunda tarefa consiste em registrar as informações coletadas. Para isso, é necessário definir qual modelo do Plano de Critérios de Aceitação será usado. Ajuste as seções de acordo com as necessidades do projeto. A lista abaixo mostra as seções que podem ser incluídas no plano:
  - Descrição do projeto – fornece informações sobre os parâmetros do projeto que são necessários. Identifica a finalidade do sistema de software a ser aceito, contendo: tipo de sistema; metodologia do ciclo de vida; comunidade de usuários do sistema entregue; sistema de tarefas principais deve satisfazer; principais interfaces externas do sistema; uso normal esperado; potencial uso indevido; riscos; restrições; padrões e práticas.
  - Responsabilidade de gestão – identifica como a aceitação será gerenciada, contendo: organização e responsabilidades pelas atividades de aceitação; requisitos de recursos e cronograma; requisitos das instalações; requisitos para suporte automatizado, dados especiais,

treinamento; normas, práticas e convenções; atualizações e revisões de planos de aceitação e produtos relacionados.
- Procedimentos de aceitação – identifica os procedimentos que a equipe do projeto executará ao realizar atividades de aceitação, contendo: relatórios de anomalias; controle de mudança; manutenção de registros; comunicação entre organizações de desenvolvedores e gerentes.
- Descrição da aceitação – estabelece os objetivos e critérios que as atividades de aceitação devem atender, contendo: objetivos para todo o projeto; resumo dos critérios de aceitação; principais atividades de aceitação e revisões; requisitos de informação; tipos de decisões de aceitação; responsabilidade pelas decisões de aceitação.
- Revisão da Aceitação - descrição dos produtos a serem aceitos através daquela atividade, os critérios que os produtos devem atender, o método de avaliação a ser utilizado, a fonte de outras informações que possam ser utilizadas para julgar o produto, contendo: produtos para aceitação; objetivos para cada revisão; critérios de aceitação; fonte de informações adicionais sobre cada produto; requisitos de aceitação; abordagem geral; técnicas de teste e exame e suporte automatizado necessário.
- Teste da aceitação final – estabelecer detalhes sobre os métodos de teste, contendo: critérios resumidos do plano de teste e critérios de aceitação; casos e procedimentos de teste; testar resultados e análises; instalações; aquisição de ferramenta e *checkout*; funcionários. Se o Plano de Testes já estiver pronto, esta seção deve referenciá-lo.
- Formulários de modelos – inclua os referentes de modelo ao "Formulário de aceitação do cliente", documento para a aceitação formal do produto final. Este formulário deve ser preenchido apenas no final do ciclo de incremento. Caso a aceitação seja feita apenas por e-mail, deve ser descrito neste plano.

- Colctar Aprovação – a terceira tarefa refere-se ao ato de coletar a aprovação dos gerentes e patrocinadores responsáveis pelo projeto.
- Compartilhar o plano de critérios de aceitação de ações com os *stakeholders* – a última tarefa refere-se à ação de comunicar os *stakeholders* envolvidos no processo de entregas aceitas.

Vale lembrar que este plano é um documento vivo que pode ser alterado se necessário, e neste caso deve passar novamente por aprovação e a comunicação dos *stakeholders*.

Principal referência: WALLACE; CHERNIAVSKY, 1990.

Técnica 27 – Personas

Objetivo

Obter a compreensão do histórico, necessidades e metas dos *stakeholders* por meio da elaboração de um personagem fictício criado para representar os principais *stakeholders*.

Descrição

Personas é usualmente adotada por profissionais de design centrado no usuário e profissionais de marketing para ajudar a analisar determinados usuários de um produto ou serviço ou estudar a segmentação de um determinado mercado, porém, esta técnica que consiste na criação de personagens fictícios mas com perfis detalhados baseados em pessoas reais, pode ser utilizada também como um modo para mapear *stakeholders*.

O processo da elaboração de personas consisti em quatro fases:
- Coletar dados – realizar a coleta de dados dos *stakeholders*, isso pode envolver levantar dados quantitativos e qualitativos, bem como, uma revisão do conhecimento interno que o time possui sobre os *stakeholders*. A coleta de dados se utiliza de outras técnicas tais como entrevistas, questionários, pesquisas e *workshops*.
- Organizar dados – com os dados coletados, realizar o entendimento e organização dos dados para determinar padrões e principais temas em um alto nível, porém mantendo necessários detalhes para análise posterior.
- Definir dimensões – a partir dos dados organizados definas as principais dimensões que representam os *stakeholders*. As dimensões de uma persona definem que ela representa e define o que a distingue dos demais *stakeholders*.
- Detalhar persona: Elaborar a persona em detalhe com base nos dados levantados anteriormente. Os dados de uma persona pode ser diverso e depende quais informações são importantes para a iniciativa, são exemplos:
    - Imagem/Foto fictícia, porém, que caracterize a persona.
    - Visão geral da persona: Nome fictício, idade, estado civil, salário, cargo na organização etc.
    - Um dia na vida da persona (descrição de um dia típico e rotineiro do mesmo).
    - Descrição do trabalho e o papel no trabalho.
    - Atividades domésticas e de lazer.
    - Objetivos, medos e aspirações.
    - Conhecimentos e habilidades.
    - Participação no negócio e influência no meio.
    - Atributos Demográficos
    - Atributos de tecnologia.

- Atitudes tecnológicas, perspectivas sobre tecnologia, passado e futuro.
- Como se comunica e mantém contato com as pessoas.
- Considerações Internacionais.
- Citações ou frases ditas pela persona.

Confira um exemplo de Persona na figura 44.

Figura 44 – Exemplo de persona

Persona: Marcos

Visão geral: Marcos é um operador de telemarketing regional com 1 ano de experiência, recebe um salário mínimo, tem 20 anos de idade, solteiro e é estudante de administração.

Um dia na vida de Marcos: Marcos acorda às 6 da manhã, chega no trabalho às 7 da manhã, tem intervalo de almoço de 1 hora, e sai do trabalho às 5 da tarde. A jornada de trabalho é de 40 horas semanais.

Descrição do trabalho e o papel no trabalho: É responsável por efetuar ligações e abordar o cliente divulgando os negócios da empresa, bem como os seus produtos e serviços.

Atividades domésticas e de lazer: Marcos ajuda nas atividades domésticas durante a semana e joga futebol com amigos aos domingos.

Objetivos, medos e aspirações: Marcos deseja manter no trabalho até se formar na faculdade e conseguir um emprego que pague melhor salário.

Conhecimentos e habilidades: Marcos é comunicativo e tem experiência com vendas.

Participação no negócio e influência no meio: Marcos conhece e sabe vender os produtos e serviços da empresa e exerce influência de venda de produtos junto aos clientes.

Atributos Demográficos: Marcos trabalha perto do trabalho. O local de trabalho é em uma área central da cidade.

Atributos de tecnologia: Marcos tem conhecimentos básicos de computadores e sistemas de telemarketing.

Atitudes tecnológicas, perspectivas sobre tecnologia, passado e futuro: Marcos acredita que mudanças no sistema podem ajudá-lo a desempenhar melhor o seu trabalho.

Como se comunica e mantém contato com as pessoas: Marcos comunica-se com os clientes por telefone e e-mail, e mantém contato pessoais com os colegas de trabalho e supervisores.

Considerações Internacionais: Marcos não realiza ligações internacionais, pois o mesmo não fala inglês.

Citações ou frases ditas pela persona: "Eu adoro me comunicar com os clientes, mas quando o sistema demora muito para responder me deixa muito irritado pois recebo muitas reclamações pela espera."

Fonte: Elaborado pelo autor 48

Principais referências: THOMA; WILLIAMS, 2009 / GRUDIN; PRUITT, 2003.

CAPÍTULO 6 Técnicas   143

Técnica 28 – Pesquisas

Objetivo

Coletar informações sobre *stakeholders*, concentrando-se em obter informações factuais sobre os mesmos, ou levantar as opiniões destes.

Descrição

A pesquisa é uma boa técnica para coletar informações de grandes grupos de *stakeholders*, especialmente quando estes estão dispersos e pode ser usado para coletar dados quantitativos que podem ser analisados estatisticamente. Uma pesquisa pode envolver etapas como planejamento, elaboração, teste, aplicação e análise de dados da pesquisa, bem como, a emissão de relatórios. Confira as etapas figura 45.

Figura 45 – Etapas da pesquisa

| Planejar | Elaborar | Testar | Aplicar | Analisar os dados | Emitir relatórios |

Fonte: Elaborado pelo autor 49

- Planejar a pesquisa:
  - Definir justificativa – Definir o porquê da pesquisa e estabelecer os objetivos da pesquisa. Defina qual o assunto, o que precisa ser levantado, como por exemplo: determinar o que os *stakeholders* pensam, reunir informações de satisfação ou capturar aspectos relativos a determinado assunto que precisam ser melhor estudados.
  - Definir quem será pesquisado – defina quem irá responder as questões e com quem deve compará-lo. Defina quem são e quantas pessoas irão responder a pesquisa, isto estabelece o público alvo da pesquisa.
  - Definir como será aplicado – decida como a pesquisa será distribuída e como as respostas serão coletadas. A pesquisa pode ser aplicada pessoalmente, bem como ser distribuído por outros métodos eletrônicos como e-mail por exemplo ou até por telefone.
- Elaborar a pesquisa – desenvolva as questões da pesquisa. Defina o que será perguntado e como será perguntado, o tipo de pergunta pode afetar as respostas e os tipos de análise que você pode fazer. Aqui estão os tipos mais comuns de perguntas que podem ser usadas:
  - Questões categóricas – estas questões são simples de responder e fáceis de calcular na fase de análise para encontrar médias, correlações e testar dados de nível nominal. Exemplo: Questões sim/não, múltipla escolha e caixa de seleção.
  - Perguntas ordinais – usado para coletar dados ordinais. Fácil de obter contagens e porcentagens, mas não é possível encontrar

médias ou fazer correlações de teste. Exemplo: perguntas suspensas e de classificação.
- Perguntas sobre intervalo e relação – permite conduzir análises avançadas para encontrar médias, correlações e modelos de regressão. Exemplo: escala de classificação, matrizes e caixas de texto.

- Testar a pesquisa – antes de aplica a pesquisa, realize um teste. Antes de implementá-lo em grande escala, teste uma pesquisa piloto em um pequeno grupo de pessoas. Revise as respostas do teste, procurando por inconsistências e faça as alterações necessárias na pesquisa antes de implementá-las em grande escala.
Ao conduzir um piloto, os mesmos procedimentos que serão utilizados na pesquisa principal devem ser seguidos, isso destacará problemas em potencial.

- Aplicar a pesquisa – distribua a pesquisa e colete as respostas. Durante a pesquisa, é importante que seja observado:
  - Como, onde, quantas vezes e por quem os entrevistados foram contatados.
  - Quantos *stakeholders* foram abordadas e quantas delas concordaram em participar.
  - Como aqueles que concordaram em participar diferem daqueles que se recusaram.
  - Como foi a pesquisa administrada.
  - Qual foi a taxa de resposta.

- Analisar os dados da pesquisa – analise os dados baseado nas respostas dos *stakeholders*. Os dados coletados por métodos qualitativos devem ser analisados usando métodos estabelecidos na etapa de planejamento, como a análise de conteúdo, usando métodos quantitativos e testes estatísticos.

- Emitir relatórios – após a análise realizada, relatórios da pesquisa devem ser apresentados contendo:
  - O objetivo e importância da pesquisa.
  - Detalhes de como a pesquisa foi realizada.
  - Justificativa dos métodos e testes utilizados para análise de dados.
  - Apresentação dos resultados da pesquisa.
  - Interpretação e discussão dos resultados.
  - Apresentação das conclusões e recomendações.

Principais referências: KELLEY et al., 2003 / PARNELL et al., 2011.

Técnica 29 – Questionários

Objetivo

Coletar informações dos *stakeholders* por meio de um conjunto de perguntas impressas ou, elaboradas para fins de levantamento de dados ou estudo estatístico.

Descrição

Questionar é amplamente aceito como um modo econômico (e às vezes o único disponível) para coletar informações sobre comportamentos e experiências passadas, ações, motivos privados, crenças, valores e atitudes, ou seja, variáveis subjetivas que não podem ser mediadas diretamente. O questionário é uma técnica que utiliza uma lista de questões pré-determinadas para realizar o levantamento de requisitos. O questionário pode ser fechado (questões de múltipla escolha), aberto (permite a opinião mais elaborada do informante) ou semiaberto (mescla as duas formas anteriores).

Esta técnica geralmente é utilizada durante os estágios iniciais do levantamento de requisitos, no levantamento de dados quantitativos sobre as tarefas existentes no processo atual ou ainda no levantamento de requisitos envolve grande número de usuários.

Questionários são considerados mais úteis como listas de verificação informais para garantir que os elementos fundamentais sejam abordados e estabelecer as bases para as atividades subsequentes de levantamento de requisitos. A literatura em geral apresenta uma série de publicações que mostram maneiras eficazes de como planejar, estruturar e escrever questionários. Abaixo segue um exemplo de um método da aplicação envolvendo cinco etapas. Confira a figura 46.

Figura 46 – Etapas do questionário

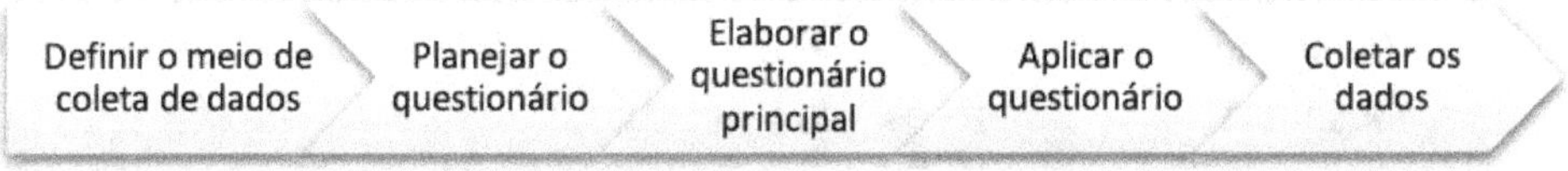

| Definir o meio de coleta de dados | Planejar o questionário | Elaborar o questionário principal | Aplicar o questionário | Coletar os dados |

Fonte: Elaborado pelo autor 50

- Definir o meio de coleta de dados – a primeira etapa realizada pelo profissional de requisito é definir por qual meio a coleta de dados será realizada. Apesar da existente variedade de maneiras diferentes de coletar dados, elas podem-se ser amplamente divididas em duas categorias: administrado por entrevistador; e auto realização.
    - Administrado por entrevistador – a técnica "Questionário" é aplicada em conjunto com a técnica "Entrevista", ou seja, o

questionário elaborado é conduzido por entrevistadores que interagem diretamente com os respondentes na aplicação do questionário, e pode ser realizada de pessoalmente ou por telefone/vídeo conferencia.

Enquanto o ponto forte da categoria Administrado por entrevistador é a interação com o respondente, o ponto fraco é a impossibilidade de manter o anonimato do entrevistado.

- Auto realização – este é o modo mais tradicional de aplicação desta técnica, onde questionário é enviado ao respondente (que pode responder anonimamente ou não), e o profissional de requisitos não realiza nenhuma interferência durante a realização do questionário pelo respondente. Pode ser realizada por meio de questionários de papel ou *web-based* (*e-mail*, *website* etc.)

Enquanto o ponto forte da categoria auto realização é manter o anonimato do respondente (e propiciar liberdade para o mesmo responder sem temer quaisquer repesarias), o ponto fraco é a justamente impossibilidade de haver uma pessoal interação com o profissional de requisitos.

Ambas as categorias de método de meios de coleta de dados têm vantagens e desvantagens. O profissional de requisitos deve ter a maturidade profissional para compreender as vantagens e desvantagens de cada meio de coleta de dados e então definir qual deve ser a melhor opção de acordo com o atual cenário em que o projeto se encontra.

- Planejar o questionário – o planejamento é atividade fundamental para que um questionário forneça informações precisas e de boa qualidade. Elabore um plano conciso, porém com informações determinantes para a aplicação do questionário, contendo as seguintes informações:
  - Principais informações necessárias – defina os objetivos da pesquisa; os objetivos do negócio; áreas de informação o questionário precisa cobrir; consciência e uso do produto e da marca; padrões comportamentais (atitudes, satisfação com o serviço, resposta ao conceito ou produto de teste, etc.); o nível de detalhe necessário ao questionário.
  - Sequência das seções – planeje as seções que serão apresentadas no questionário
    - Questões de exclusão/segurança: Primeira parte do questionário deve conter questões que exclua respondentes

que não deveriam responder o questionário (que possuem conflito de interesses que influenciem negativamente o resultado do levantamento de requisitos).
- Questões de triagem: A segunda parte deve incluir perguntas para selecionar os respondentes para elegibilidade para a pesquisa, dependendo se eles pertencem ou não à população da pesquisa.
- Questionário Principal:
  - Defina quais os tipos de questões (aberta, fechada, semiaberto).
  - Defina as questões mais relevantes para o levantamento de requisitos.
  - Defina o cronograma de aplicação do questionário.
  - Defina os recursos necessários para aplicação do questionário.
- Elaborar o questionário principal – há muitas ideias sobre como tornar um questionário atraente para potenciais respondentes. No entanto, é quase certo que o tempo, esforço e dinheiro gastos na melhoria da aparência raramente são desperdiçados. Abaixo, seguem dicas para elaboração do Questionário Principal:
  - Comportamento antes da atitude – inicie com questões comportamentais antes de continuar a perguntar atitudes e imagens. Isto é em parte para permitir que os respondentes avaliem sua posição comportamental e depois explicar seu comportamento através de suas atitudes.
  - Espontaneidade antes de ser solicitado – é preciso ter muito cuidado para não induzir os entrevistados com possíveis respostas antes de fazer perguntas para obter sua resposta espontânea.
  - Seções sensíveis – se o questionário incluir questões de natureza sensível, então elas não devem ser perguntadas logo no início. Isso permite que uma relação seja construída com respondente
- Aplicar o questionário – aplique o questionário conforme planejado. Antes de aplicar o questionário para um grande número de pessoas, realize um piloto do questionário com um numero menor de respondentes, para que seja possível identificar falhas na aplicação e coleta de dados.
- Coletar os dados – colete os dados obtidos dos questionários. Classifique os dados para que seja possível o melhor entendimento na análise de requisitos.

Para Questionários serem eficazes, os termos, conceitos e limites do domínio devem estar bem constituídos e entendido pelos participantes e pelo profissional de requisitos. As perguntas devem ser focadas para evitar reunir grandes quantidades de informações redundantes e irrelevantes. Questionários fornecem uma maneira eficiente de coletar informações de vários *stakeholders* rapidamente, mas são limitados na profundidade do conhecimento que são capazes de extrair. Nesta técnica também falta a oportunidade de aprofundar um tópico ou expandir novas ideias, bem como, não fornecem nenhum mecanismo para os participantes solicitarem esclarecimentos ou corrigir mal-entendidos. Confira a lista de pontos fracos e pontos fortes desta técnica na figura 47.

Figura 47 – Pontos fortes e fracos dos questionários

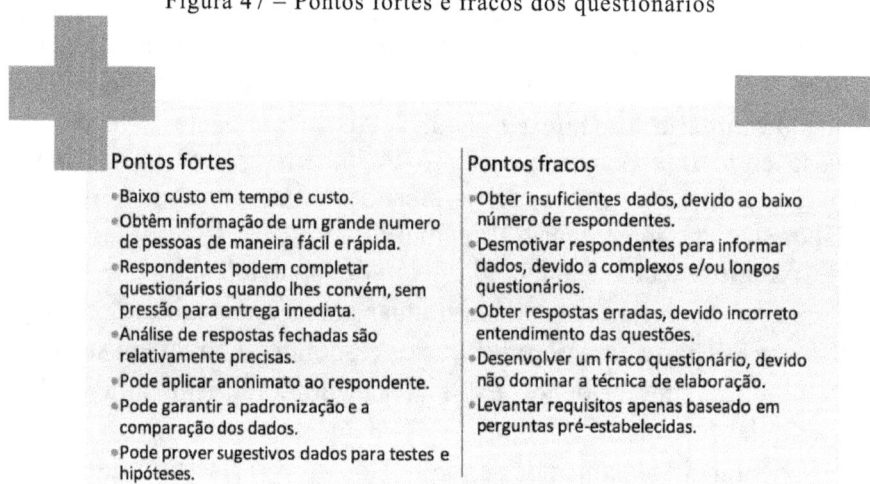

Fonte: Elaborado pelo autor 51

Principais referências: FODDY, 1993 / GILLHAM, 2008 / MAGUIRE et al., 1998 / ZOWGHI; COULIN, 2005 / BRACE, 2018.

Técnica 30 – *Workshops*

Objetivo

Levantar, definir, priorizar, avaliar e discutir requisitos por meio de um evento estruturado e facilitado que reúne os principais *stakeholders* em uma iniciativa.

Descrição

Workshops é um método que valoriza o encontro pessoal entre os *stakeholders* e utiliza do pensamento criativo como um meio de abordar determinado tópico com o objetivo de encontrar soluções válidas. Um workshop tem grandes chance de sucesso quando o objetivo e a razão para a realização do mesmo são claros para todos os *stakeholders*, o quais devem participar ativamente e apresentando ideias e inspirações que trazem novas perspectivas para o tópico discutido. Tudo isso baseado em uma estruturada agenda, com tempo suficiente e gerenciada por um facilitador.

Workshops podem ser utilizados em diferentes etapas de uma iniciativa:

- Fase exploratória – definir as ideias de escopo para iniciativas que podem ser desenvolvidas no futuro, envolvendo usuários em potencial para entender necessidades e obter ideias iniciais.
- Pesquisa inicial – alinhar objetivos e métodos cm os *stakeholders* no início de uma nova iniciativa.
- Coleta e análise de dados – levantar requisitos de negócios e processos junto aos *stakeholders*.
- Interpretação dos resultados – validar com o *stakeholders* a interpretação dos resultados obtidos a partir do levantamento de requisitos provenientes de *stakeholders* ou de outras fontes.
- Divulgação de resultados – disseminar com *stakeholder* as descobertas no final da iniciativa.

A aplicação desta técnica pode envolver em três etapas, onde a etapa de execução requer maior dedicação e atenção. Confira na figura 48.

Figura 48 – Etapas de *workshop*

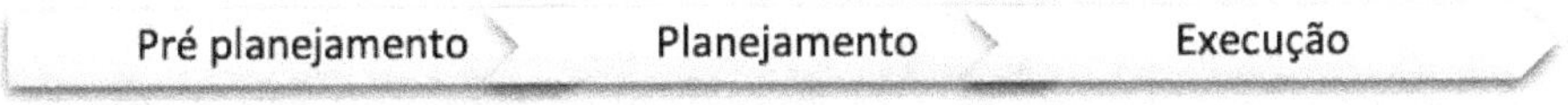

| Pré planejamento | Planejamento | Execução |

Fonte: Elaborado pelo autor 52

- Pré planejamento – antes do planejamento é necessário entender o contexto em que os *stakeholders* estão inseridos e entender se a realização de um workshop é aplicável, isso pode ser feito por meio de

uma pesquisa junto ao *stakeholders*. Caso seja possível a realização de *workshops*, elabore um plano do processo para decidir quantos eventos são necessários e com quais grupos de stakeholders devem participar
- Planejamento – antes da realização dos *workshops* elabore e compartilhe uma agenda contendo:
  - Objetivos claros.
  - Definição de responsabilidades para a facilitação do evento.
  - Períodos de tempo para as atividades, incluindo intervalos.
  - Atividades que serão realizas e técnicas que serão aplicadas.
  - Verifique a disponibilidade dos equipamentos necessários para realização das atividades planejadas.
  - Confirme quantas pessoas participarão do evento, para organizar o local do evento com o tamanho suficiente para acomodar todos.
- Execução – durante a execução dos *workshops* considere:
  - Estimule o grupo a pensar, mantendo-o focado, encoraje positivos comportamentos e resolva conflitos de maneira saudável.
  - Em caso de grandes grupos, caso necessário divida os *stakeholders* em grupos menores para discutir questões em profundidade.
  - Estabeleça o diálogo e reunindo informações com os *stakeholders* usando por exemplo a Técnica 09 – *Brainstorming* e Técnica 19 – Mapa Mental.
  - Explore questões em maior profundidade com os *stakeholders*, usando por exemplo a técnica mapa metal.
  - Conclua as opções encontradas e decida sobre ações a serem tomadas, estabelecendo ordens de prioridade e classificações.

Referências: Hamilton, 2016 / DURHAM et al., 2014.

Referências Bibliográficas

1. ACCOUNTABILITY. AA1000 Stakeholder Engagement Standard. Disponível em: <https://www.accountability.org/wp-content/uploads/2016/10/AA1000SES_2015.pdf>. Acesso em: 01/09/2019.

2. ADAIR, J. E. The art of creative thinking: How to be innovative and develop great ideas. London, UK: Kogan Page Publishers, 2007

3. AHMADY, G. A.; MEHRPOUR, M.; NIKOORAVESH, A. Organizational Structure. Procedia - Social and Behavioral Sciences, Dubai, UAE, 230, pp.455 - 462, May 2016. Disponível em: <https://fardapaper.ir/mohavaha/uploads/2018/10/Fardapaper-Organizational-Structure.pdf>. Acesso em: 01/09/2019.

4. AHMED, F. Software Requirements Engineer: An Empirical Study about Non-Technical Skills. JSW - Journal of Software, 7(2), pp.389-397, Feb/2012. Disponível em:<https://pdfs.semanticscholar.org/c527/93771c71b9d9e87de9b180ed312b65a315bb.pdf?_ga=2.211759568.43343162.1567294207-390676240.1563927765>. Acesso em: 01/09/2019.

5. AHMED, F.; CAPRETZ, L. F.; CAMPBELL, P. Evaluating the demand for soft skills in software development. IT Professional, 14(1), pp.44-49, Jan/Feb 2012. Disponível em:< https://www.eng.uwo.ca/electrical/faculty/mcisaac_k/docs/Faheem-IT-Pro-v2.pdf>. Acesso em: 01/09/2019.

6. ALGASHAAM, N. M. Teamwork vs. individual responsibility. International Journal of Scientific & Engineering Research, 6(10), pp.286-288, Oct 2015. Disponível em:< https://www.ijser.org/researchpaper/Teamwork-vs-Individual-Responsibility.pdf>. Acesso em: 01/09/2019.

7. ARCANGELI, M. Supposition and the imaginative realm: A philosophical inquiry. London, UK: Routledge, 2018.

8. AZMAN, M. N. A.; MOHAMED, S.; MOHAMAD, M. M.; YUNOS, J. M.; YEE, M. H.; OTHMAN, W., 2014. Buzan mind mapping: An efficient technique for note-taking. International Journal of Social, Behavioral, Educational, Economic, Business and Industrial Engineering, 8(1), pp.28-31, 2014. Disponível em: <https://waset.org/publications/9997038/buzan-mind-mapping-an-efficient-technique-for-note-taking>. Acesso em: 01/09/2019.

9. BATINI, C.; BARONE, D.; MASTRELLA, M.; MAURINO, A; RUFFINI, C. A framework and a methodology for data quality assessment and monitoring. ICIQ - International Conference on Information Quality, Cambridge, USA, pp. 333-346, 2007. Disponível em: <https://dblp.org/rec/conf/iq/BatiniBMMR07>. Acesso em: 01/09/2019.

10. BAUGH, A. Stakeholder Engagement: The Game Changer for Program Management. NY, USA: CRC Press / Auerbach Publications, 2015.

11. BECK, K.; BEEDLE, M.; VAN BENNEKUM, A.; COCKBURN, A.; CUNNINGHAM, W.; FOWLER, M.; GRENNING, J.; HIGHSMITH, J.; HUNT, A.; JEFFRIES, R.; KERN, J. Manifesto for agile software development. 2001. Disponível em: <https://agilemanifesto.org/>. Acesso em 01/09/2019.

12. BOJE, D.M. Learning storytelling: Storytelling to learn management skills. Journal of Management Education, 15(3), pp. 279-294. Aug 1991. Disponível em: <https://journals.sagepub.com/doi/10.1177/105256299101500302>. Acesso em: 01/09/2019.

13. BOURNE, L. Stakeholder relationship management: a maturity model for organisational implementation. London, UK: Routledge, 2009.

14. BRACE, I. Questionnaire Design: How to Plan, Structure and Write Survey Material for Effective Market Research. Kogan Page Publishers: Kogan Page Publishers, 2018.

15. BRAND-GRUWEL, S., Wopereis, I. and Vermetten, Y., 2005. Information problem solving by experts and novices: Analysis of a complex cognitive skill. Computers in Human Behavior, 21(3), pp.487-508, May 2005. Disponível em: <https://www.sciencedirect.com/science/article/pii/S0747563204001591>. Acesso em: 01/09/2019.

16. BUZAN, T. The ultimate book of mind maps: unlock your creativity, boost your memory, change your life. London, UK: HarperCollins, 2006.

17. CIMATTI, B., 2016. Definition, development, assessment of soft skills and their role for the quality of organizations and enterprises. International Journal for Quality Research, 10(1) pp. 97-130, Feb 2016. Disponível em: <http://www.ijqr.net/journal/v10-n1/5.pdf>. Acesso em: 01/09/2019.

18. CMMI, Product Team 2010. CMMI for Development, version 1.3 (CMU/SEI-2010-TR-033). Massachusetts, USA: Software Engineering Institute, Nov 2010. Disponível em: <https://resources.sei.cmu.edu/library/asset-view.cfm?assetid=9661>. Acesso em: 01/09/2019.

19. CORR, L.; STAGNITTO, J. Agile Data Warehouse Design: Collaborative dimensional modeling, from whiteboard to star schema. Pudsey, UK: DecisionOne Press, 2011.

20. COSTELLO, T. RACI - Getting Projects Unstuck. IT Professional, 14(2), pp.64-63, Mar-Apr/2012. Disponível em: <https://doi.ieeecomputersociety.org/10.1109/MITP.2012.41>. Acesso em: 01/09/2019.

21. CRESPO, Rodrigo Ortiz, 2010. The Active Listener. USA: Lulu Interprises Inc, 2010.

22. DESTI, K.; SHANTHI, R. A study on emotional intelligence at work place. European Journal of Business and Management, 7(24), pp.147-154, 2015 Disponível em:< https://www.iiste.org/Journals/index.php/EJBM/article/view/25089>. Acesso em: 01/09/2019.

23. DISALVO, V.; LARSEN, D.C.; SEILER, W.J. Communication skills needed by persons in business organizations. Communication Education Journal, 25(4), pp.269-275, 1976. Disponível em: <https://doi.org/10.1080/03634527609384640>. Acesso em: 01/09/2019.

24. DIXON, J.; BELNAP, C.; ALBRECHT, C; LEE, K. The importance of soft skills. Corporate Finance Review, 14(6), pp.35, May/Jun 2010. Disponível em: <https://search.proquest.com/openview/aa5f345bde23cacbf99574378aeef44b/1?pq-origsite=gscholar&cbl=46775>. Acesso em: 01/09/2019.

25. DURHAM, E.; BAKER, H.; SMITH, M.; MOORE, E; MORGAN, V. The BiodivERsA Stakeholder Engagement Handbook. Paris, France: BiodivERsA, 2015. Disponível em: < http://www.biodiversa.org/stakeholderengagement>. Acesso em: 01/09/2019.

26. EVA, M.; HINDLE, K.; ROLLASON, C. Business Analysis 3rd Edition. Swindon, United Kingdom: BCS Learning & Development Limited, 2014.

27. FERGUSON, S. D. Communication planning: An integrated approach (Vol. 1). CA, US: Sage, 1999.

28. FERREIRA, B.; SILVA, W.; OLIVEIRA Jr, E. A.; CONTE, T. Designing Personas with Empathy Map. SEKE - 27th International Conference on Software Engineering and Knowledge Engineering, Pittsburgh, USA, 2015. Disponível em: <https://doi.org/10.18293/seke2015-152>. Acesso em: 01/09/2019.

29. FODDY, W. Constructing questions for interviews and questionnaires: Theory and practice in social research. Cambridge, USA: Cambridge University Press, 1993.

30. FREEMAN, R. E. Strategic management: A stakeholder approach. Boston: Pitman, 1984.

31. GILLHAM, B., 2008. Developing a questionnaire. London, UK: Bloomsbury Publishing PLC, 2008.

32. GLINZ, M.; WIERINGA, R. J., 2007. Guest editors' introduction: Stakeholders in requirements engineering. IEEE Software, 24(2), pp.18-20, March/April 2007. Disponível em: <https://doi.ieeecomputersociety.org/10.1109/MS.2007.42>. Acesso em: 01/09/2019.

33. GOODPASTER, K.E., 1991. Business Ethics and Stakeholder Analysis. Business Ethics Quarterly, Cambridge University Press, pp.53-73, 1(1), Jan 1991. Disponível em: <https://www.jstor.org/stable/3857592>. Acesso em: 01/09/2019.

34. GREENWOOD, M., 2001. The importance of stakeholders according to business leaders. Business and Society Review, 106(1), pp.29-29, Dec 2002. Disponível em: <https://doi.org/10.1111/0045-3609.00100>. Acesso em: 01/09/2019.

35. GRIMES, A.J. Authority, Power, Influence and Social Control: A theoretical synthesis. Academy of Management Review, 3(4), pp.724-735, Oct 1978. Disponível em: <https://doi.org/10.5465/amr.1978.4289263>. Acesso em: 01/09/2019.

36. GRUDIN, J.; PRUITT, J. Personas, Participatory Sesign and Product Development: An Infrastructure for Engagement. Proceeding DUX '03 Proceedings of the 2003 Conference on Designing for User Experiences, pp. 1-15, Jun 2003. Disponível em: <https://doi.org/10.1145/997078.997089>. Acesso em: 01/09/2019.

37. HAMILTON, P. The Workshop Book: How to design and lead successful workshops. UK: Pearson, 2016.

38. HAVEY, M., 2005. Essential Business Process Modeling. USA: O'Reilly Media, 2005.

39. HAYES, J. Interpersonal Skills at Work. USA: Routledge, 2002.

40. HECKMAN, J.J. AND KAUTZ, T. Hard Evidence on Soft Skills. Labour Economics, 19(4), pp.451-464, Aug 2012. Disponível em: <https://doi.org/10.1016/j.labeco.2012.05.014>. Acesso em: 01/09/2019.

41. HENDARMAN, A. F.; TJAKRAATMADJA, J. H. Relationship Among Soft Skills, Hard Skills, and Innovativeness of Knowledge Workers in the Knowledge Economy Era. Procedia-Social and Behavioral Sciences, 52, pp. 35-44, 2012. Disponível em: <https://doi.org/10.1016/j.sbspro.2012.09.439 >. Acesso em: 01/09/2019.

42. HILLSON, D. Managing risk in projects. Gower Publishing Limited. UK: Taylor & Francis Ltd, 2009.

43. HOEGL, M; GEMUENDEN, H.G. Teamwork quality and the success of innovative projects: A theoretical concept and empirical evidence. Organization science, 12(4), pp.435-449, Aug, 2001. Disponível em: <https://doi.org/10.1287/orsc.12.4.435.10635>. Acesso em: 01/09/2019.

44. HSU, C. C.; SANDFORD, B. A. The Delphi Technique: Making Sense of Consensus. Practical Assessment, Research & Evaluation, 12(10), pp.1-8, Aug 2007. Disponível em: <https://pareonline.net/getvn.asp?v=12&n=10>. Acesso em: 01/09/2019.

45. HUBER, M.; PALLAS, M. 2006. Customising Stakeholder Management Strategies: Concepts for Long-Term Business Success. Berlin: Springer Science & Business Media, 2006.

46. IIBA. A Guide to the Business Analysis Body of Knowledge (BABoK Guide). Toronto: International Institute of Business Analysis, 2015

47. IIBA. Global Business Analysis Salary Survey. Toronto: International Institute of Business Analysis, 2018.

48. IIBA; KPMG. Business Analysis - Positioning for Success. Toronto: International Institute of Business Analysis, 2016.

49. IQBBA. Certified Business Analyst Foundation Level Syllabus - International Qualifications Board for Business Analysis, Version 3.0. Nuremberg: IQBBA, 2018.

50. ISO; IEC; IEEE. ISO/IEC/IEEE 42010: 2011-Systems and Software Engineering–Architecture description - Proceedings of Technical Report. Geneva: ISO, 2011.

51. ISO; IEC. ISO/IEC 19510: 2013 - Information Technology - Object Management Group Business Process Model and Notation. Geneva: ISO, 2013.

52. JEFFERY, N. Stakeholder Engagement: A Road Map to Meaningful Engagement. UK: Cranfield School of Management, 2009. Disponível em: <https://www.som.cranfield.ac.uk/som/p1080/Research/Research-Centres/Doughty-Centre-for-Corporate-Responsibility>. Acesso em: 01/09/2019.

53. KARTEN, B. Project Management Simplified: A Step-by-Step Process. USA: CRC Press, 2016.

54. KAZMI, A.; KAZMI, A. Strategic Management. USA: McGraw-Hill Education, 1986.

55. KELLEHER, K.; CASEY, G.; LOIS, D. Cause-and-Effect Diagrams: Plain and Simple. USA: Oriel Inc, 1995.

56. KELLEY, K.; CLARK, B.; BROWN, V.; SITZIA, J., 2003. Good practice in the conduct and reporting of survey research. International Journal for Quality in Health Care, 15(3), pp.261-266, May 2003. Disponível em: <https://doi.org/10.1093/intqhc/mzg031>. Acesso em: 01/09/2019.

57. KERZNER, H. Project Management: A Systems Approach to Planning, Scheduling, and Controlling. NJ, USA: John Wiley & Sons, 2017.

58. KING, L. Test Your Creative Thinking. London, UK: Kogan Page Publishers, 2003.

59. KLAUS, P. Communication Breakdown. California Job Journal, 28(1248), pp.1-9, Aug 2010. Disponível em: <http://connection.ebscohost.com/c/articles/52911024/communication-breakdown>. Acesso em: 01/09/2019.

60. KRIPPENDORFF, K. Content Analysis: An Introduction to its Methodology. California, USA: Sage Publications, 2004.

61. LEMOINE, G. J.; HARTNELL, C. A.; LEROY, H., 2019. Taking Stock of Moral Approaches to Leadership: An Integrative Review of Ethical, Authentic, and Servant Leadership. Academy of Management Annals, 13(1), pp.148–187, Jan 2019. Disponível em: <https://doi.org/10.5465/annals.2016.0121>. Acesso em: 01/09/2019.

62. LIANG, X.; YU, T.; GUO, L. Understanding Stakeholders' Influence on Project Success with a New SNA Method: A Case Study of the Green Retrofit in China. Sustainability, 9(10), p.1927,

Oct 2017. Disponível em: <https://ideas.repec.org/a/gam/jsusta/v9y2017i10p1927-d116274.html>. Acesso em: 01/09/2019.

63. LUCAS, B.; SPENCER, E. Teaching Creative Thinking: Developing learners who generate ideas and can think critically. GB: Crown House Publishing, 2017

64. LUO, Y. Strategy, structure, and performance of MNCs in China. Westport, US: Greenwood Publishing Group, 2001.

65. MAGUIRE, M.; KIRAKOWSKI, J.; VEREKER, N. RESPECT: User centred requirements handbook. Loughborough, UK: Loughborough University Research, 1998. Disponível em: <https://repository.lboro.ac.uk/articles/RESPECT_User_centred_requirements_handbook/9354023>. Acesso em: 01/09/2019.

66. MANN, C. R. A Study of Engineering Education: Prepared for the Joint Committee on Engineering Education of the National Engineering Societies – Bulletin number 11. Boston, Massachusetts, US: Merrymount Press, 1918.

67. MARTINS, E. G. P; NETO, J. S. Mensuração do engajamento das partes interessadas em projeto na visão do gerente de projeto e das próprias partes interessadas. Revista de Gestão e Projetos - GeP, 8(1), pp. 42-56, 2017. Disponível em: <http://www.revistagep.org/ojs/index.php/gep/article/view/311/pdf>. Acesso em: 01/09/2019.

68. MATHUR, V. N.; PRICE, A. D.; AUSTIN, S. A.; MOOBELA, C. Defining, identifying and mapping stakeholders in the assessment of urban sustainability. SUE-MoT Conference 2007 - International Conference on Whole Life Urban Sustainability and its Assessment. Glasgow, Scotland. Disponível em: <https://repository.lboro.ac.uk/ndownloader/files/17044907>. Acesso em: 01/09/2019.

69. MAYDANCHIK, A. Data quality assessment.. New Jersey, USA: Technics publications, 2007.

70. MLÁDKOVÁ, L., 2013. Leadership and storytelling. Procedia-Social and Behavioral Sciences, 75, pp.83-90. Elsevier: Amsterdam, Netherlands. Disponível em: <>. Acesso em: 01/09/2019.

71. MOHEDAS, I.; DALY, S. R.; SIENKO, K. H. Evaluating best practices when interviewing stakeholders during design. 123rd American society for engineering education - Annual conference & exposition - ASEE 2016. New Orleans, LA. Disponível em: <https://www.asee.org/public/conferences/64/papers/16797/download>. Acesso em: 01/09/2019.

72. MONTANA, P.; CHARNOV, B. Management: A streamlined course for students and business people. Hauppauge, New York: Barron's Business Review Series, pp. 155-169, 1993. Disponível em: < https://ils.unc.edu/daniel/405/Montana11.pdf>. Acesso em: 01/09/2019.

73. MORRISON, Gary R.; ROSS, Steven M.; KEMP, Jerrold E. Designing Effective Instruction. New York: John Wiley & Sons, 2009.

74. MUSEMBI, A. K. K.; GUYO, W.; KYALO, D. N.; MBUTHIA, A. Effect of employees' soft skills on performance of public energy sector projects in Kenya. International Academic Journal of Human Resource and Business Administration. Volume 3, Issue 2, p. 1-13, 2018. Kenia. Disponível em: <http://iajournals.org/articles/iajhrba_v3_i2_1_13.pdf>. Acesso em: 01/09/2019.

75. NALEWAIK, A.; MILLS, A. Project Stakeholder Concerns and Expectations. Proceedings of the 19th Pacific Association of Quantity Surveyors Congress, pp. 1-10, 2015. The Conference. Yokohama. Disponível em: <http://dro.deakin.edu.au/view/DU:30074159>. Acesso em: 01/09/2019.

76. NCERT, 2007. Business Studies Part II: Business Finance and Marketing. New Delhi, India: National Council of Educational Research and Training, 2007.

77. NOE, R. A.; HOLLENBECK, J. R.; GERHART, B.; WRIGHT, P. M. Human resources management. NY, USA: McGraw-Hill Education, 2015.

78. NORTHOUSE, P. G. Leadership: Theory and practice. California, USA: Sage publications, 2010.

79. NUSEIBEH, B.; EASTERBROOK, S. Requirements Engineering: a Roadmap. Proceedings of the Conference on the Future of Software Engineering, pp. 35-46, May 2000. ACM. Disponível em: <https://www.cs.toronto.edu/~sme/papers/2000/ICSE2000.pdf>. Acesso em: 01/09/2019.

80. ORTBAL, K.; FRAZZETTE, N; MEHTA, K. Stakeholder journey mapping: An educational tool for social entrepreneurs. Procedia engineering, 159, pp.249-258, 2016. Elsevier: Amsterdam, Netherlands. Disponível em: <https://doi.org/10.1016/j.proeng.2016.08.170>. Acesso em: 01/09/2019.

81. OSBORN, A.F. Applied imagination: Principles and Procedures of Creative Thinking. USA: Read Books, 1953

82. PACHECO, C.; GARCIA, I. A systematic literature review of stakeholder identification methods in requirements elicitation. Journal of Systems and Software, 85(9), pp. 2171-2181, 2012. Disponível em: <https://doi.org/10.1016/j.jss.2012.04.075>. Acesso em: 01/09/2019.

83. PARMAR, B. L.; FREEMAN, R.E.; HARRISON, J.S.; WICKS, A.C.: PURNELL, L.; DE COLLE, S. Stakeholder theory: The state of the art. The academy of management annals, 4(1), pp.403-445, Jan 2010. Disponível em: <https://doi.org/10.5465/19416520.2010.495581>. Acesso em: 01/09/2019.

84. PARNELL, G. S.; DRISCOLL, P.J.; HENDERSON, D.L. Decision making in systems engineering and management. Wiley. NJ, USA: Hoboken, 2011.

85. PMI. The PMI Guide to Business Analysis. USA: Project Management Institute, 2017.

86. POHL, K. Requirements engineering fundamentals: a study guide for the certified professional for requirements engineering exam-foundation level - IREB compliant. USA: Rocky Nook Inc., 2016.

87. PULLAN, P.; ARCHER, J. Business Analysis and Leadership: Influencing Change. London, UK: Kogan Page Publishers, 2013.

88. PYLES, L. Interpersonal Social Work Skills for Community Practice. New York, NY: Springer, 2014.

89. RAGHAVAN, S., ZELESNIK, G. AND FORD, G. Lecture Notes on Requirements Elicitation (No. CMU/SEI-94-EM-10). Pittsburgh, Pennsylvania: Carnegie Mellon University Pittsburgh Software Engineering Institute, 1994. Disponível em: <https://resources.sei.cmu.edu/library/asset-view.cfm?assetid=12015>. Acesso em: 01/09/2019.

90. RAMESH, G. The Ace Of Soft Skills: Attitude, Communication and Etiquette for Success. India: Pearson Education, 2010.

91. RASTOGI, N; TRIVEDI, M. K. PESTLE Technique – A Tool to Identify External Risks in Construction Projects. International Research Journal of Engineering and Technology, 3(1), pp. 384-388, Jan 2016. Disponível em: <https://www.irjet.net/archives/V3/i1/IRJET-V3I165.pdf>. Acesso em: 01/09/2019.

92. ROSETE, D.; CIARROCHI, J. Emotional Intelligence and its Relationship to Workplace Performance Outcomes ff Leadership Effectiveness. Leadership & Organization Development Journal, 26(5), pp. 388-399, Jul 2005. Disponível em: <https://doi.org/10.1108/01437730510607871>. Acesso em: 01/09/2019.

93. SARSBY, A. SWOT Analysis: A guide to SWOT for Business Studies Students. UK: Leadership Library, 2016.

94. SAVAGE, G.T.; BUNN, M.D.; GRAY, B.; XIAO, Q.; WANG, S.; WILSON, E.J.; WILLIAMS, E.S. Stakeholder collaboration: Implications for stakeholder theory and practice. Journal of Business Ethics, 96(1), pp.21-26, 2010. Disponível em: <https://www.jstor.org/stable/29789751>. Acesso em: 01/09/2019.

95. SCHIBI, O. Managing Stakeholder Expectations for Project Success: A Knowledge Integration Framework and Value Focused Approach. USA: J. Ross Publishing, 2013.

96. SCHULZ, B., 2008. The Importance of Soft Skills: Education Beyond Academic Knowledge. NAWA Journal of Language and Communication, pp.146-154, Jun 2008. Disponível em: <https://pdfs.semanticscholar.org/c1d3/e21ea8496e2d828678cde2981aac1bd4ce3e.pdf>. Acesso em: 01/09/2019.

97. SEQUEIRA, D.; WARNER, M. Stakeholder Engagement: a Good Practice Handbook for Companies Doing Business in Emerging Markets. Washington, DC, USA: International Finance Corporation, 2007.

98. SHARMA, S.; MISHRA, B. Communication Skills: for Engineers and Scientists. New Delhi: PHI Learning Pvt. Ltd., 2009.

99. SMITH, L.W. Project Clarity Through Stakeholder Analysis. Crosstalk, The Journal Of Defense Software Engineering. Vol.13 No.12, pp.4-9, Dec 2000. Disponível em: <http://www.supras.biz/pdf/Smith-LW_2000_ProjectClarity.pdf>. Acesso em: 01/09/2019.

100. SUBRAHMANYAM, S., 2018. Corporate Leadership: A Study of the Innovation Skills in Growing in the Corporate World. International Journal of Trend in Research and Development, 4(2), Nov/Dez 2017. Disponível em: <https://issuu.com/ijtsrd.com/docs/186_corporate_leadership_a_study_of>. Acesso em: 01/09/2019.

101. SVENDSEN, A. The Stakeholder Strategy: Profiting from Collaborative Business Relationships. USA: Berrett-Koehler Publishers, 1998.

102. THAYER, R. H.; DORFMAN, M. Introduction to Tutorial Software Requirements Enginnering in Software Requirements Engineering. USA: IEEE-CS Press, 1997.

103. THOMA, V.; WILLIAMS, B. Developing and Validating Personas in E-commerce: A Heuristic Approach. IFIP Conference on Human-Computer Interaction, vol 5727, pp. 524-527, 2009. Disponível em: <https://link.springer.com/chapter/10.1007/978-3-642-03658-3_56>. Acesso em: 01/09/2019.

104. THOMPSON, J. Organizations in Action. New York: McGraw Hill, 1967.

105. TRUDEL, J. D. The Balanced Scorecard: Translating Strategy Into Action. Journal of Consulting to Management, 9(4), pp.74-75, Nov 1997. Disponível em: <https://search.proquest.com/openview/5a18996f1729e475695ffc5f325d6cf6/1?pq-origsite=gscholar&cbl=46088>. Acesso em: 01/09/2019.

106. TURNER, R.; LOWRY, G. The Third Dimension of the IS Curriculum: The Importance of Soft Skills for IT Practitioners. Proceedings of the Twelfth Australasian Conference on Information

Systems, p.62, 2001. Disponível em: <https://aisel.aisnet.org/cgi/viewcontent.cgi?referer=https://www.google.com/&httpsredir=1&article=1078&context=acis2001>. Acesso em: 01/09/2019.

107. UNTERHITZENBERGER, Christine. Stakeholder Challenge: Dealing with difficult stakeholders. Princes Risborough, UK: Association for Project Management / APM Research Fund Series, 2018. Disponível em: https://www.apm.org.uk/resources/find-a-resource/stakeholder-challenge-dealing-with-difficult-stakeholders/>. Acesso em: 01/09/2019.

108. VARVASOVSZKY, Z.; BRUGHA, R., 2000. A stakeholder Analysis. Health Policy and Planning, Volume 15, Issue 3, Pages 239–246, 2000. Disponível em: <https://doi.org/10.1093/heapol/15.3.239>. Acesso em: 01/09/2019.

109. WALLACE, D. R.; CHERNIAVSKY, J. C. Guide to software acceptance, vol. 500, no. 180. Darby, PA, US: Diane Publishing, 1990.

110. WASIELESKI, D.M.; WEBER, J. Stakeholder Management. USA: Emerald Group Publishing, 2017.

111. WEBB, K.S. Emotional Intelligence and Business Success. Denton, Texas, USA: SSRN Social Science Research Network, 2011.

112. WIDESTADH, C.; SAKAR, P., 2005. Benefits Management - How to Realize the Benefits of IS/IT Investments. Göteborg University, 59 pages, Student essay, School of Business, Economics and Law, 2005. Disponível em: < http://hdl.handle.net/2077/1098>. Acesso em: 01/09/2019.

113. WILKINS, A. L., 1984. The creation of company cultures: The role of stories and human resource systems. Human Resource Management, 23(1), pp.41-60, 1984. Disponível em: <https://doi.org/10.1002/hrm.3930230105>. Acesso em: 01/09/2019.

114. WILLIAMS, D. Communication skills in practice: a practical guide. GB: Jessica Kingsley Publishers, 1997.

115. WORTH, R. Communication Skills. New York, US: Infobase Publishing, 2004.

116. ZAVAL, L. K.; WAGNER, T. Project Manager Street Smarts: A Real World Guide to PMP Skills. Indiana, USA: John Wiley & Sons, 2011.

117. ZOWGHI, D.; COULIN, C. Requirements Elicitation: A Survey of Techniques, Approaches, and Tools. Springer, Berlin, Heidelberg, Engineering and Managing Software Requirements, pp. 19-46, 2005. Disponível em: <https://link.springer.com/chapter/10.1007/3-540-28244-0_2>. Acesso em: 01/09/2019.

Índice Remissivo

A

Análise de causa raiz 93
Análise de documentos 42, 95
Análise de Negócios
    Analista de Negócios .5, 7, 8, 9, 10, 13, 17, 20, 21, 22, 23, 32, 33, 35, 48, 55, 58, 59, 60, 65, 69, 73, 91, 137, 138
Análise de *stakeholders* ..8, 22, 30, 31, 32, 37, 42, 50, 51, 52, 55, 61, 91, 118, 121, 122
Análise de suposições 98
Análise dos eventos de negócios 48, 97
Análise e resolução de problemas 73
Análise PESTLE 48, 99, 156
Análise SWOT 101
Avaliação de qualidade de dados dos riscos
    103

B

Balanced Business Scorecard 66, 105, 106
Brainstorm 48, 107

C

Colaboração .8, 19, 21, 22, 28, 29, 30, 34, 37, 41, 43, 53, 58, 59, 60, 61, 62, 63, 64, 65, 90, 132
Comunicação 8, 19, 20, 22, 27, 28, 29, 30, 32, 33, 34, 35, 37, 40, 41, 45, 56, 58, 59, 61, 66, 67, 68, 72, 73, 74, 75, 76, 79, 80, 81, 84, 85, 87, 88, 111, 122, 140
Critérios de aceitação 109, 110, 139, 140

D

Delphi 57, 111, 153

E

Engajamento
    Engajamento de Stakeholders 8, 37
Engenharia de Requisitos
    Engenheiro de Requisitos .5, 6, 7, 8, 9, 10, 11, 13, 15, 16, 17, 18, 19, 21, 22, 23, 32, 33, 34, 35, 42, 55, 58, 60, 61, 65, 73, 86, 91

Entrevistas 35, 57, 65, 73, 113, 130, 141
Equipe ...16, 27, 34, 42, 57, 67, 68, 72, 73, 88, 89, 90, 109, 111, 120, 131, 135, 140
Escuta ativa 115
Estratégias de enfrentamento 68
Estrutura organizacional 117, 118

G

Gestão da realização de benefícios 119
Gestão de *stakeholders* 60

H

Habilidades
    Habilidades comportamentais 8, 69
    Habilidades de organização 73, 77, 78, 79
    Habilidades interpessoais 73, 87, 88
    Habilidades técnicas 71, 72, 73

I

Identificação do *stakeholders* 42
Iniciativa
    Projeto...3, 5, 6, 7, 8, 9, 10, 15, 17, 18, 19, 20, 21, 22, 25, 26, 27, 28, 29, 30, 31, 32, 33, 34, 35, 36, 37, 39, 40, 42, 43, 44, 45, 46, 47, 48, 49, 50, 51, 52, 53, 54, 55, 56, 57, 58, 59, 60, 61, 62, 64, 65, 66, 67, 68, 71, 73, 75, 78, 80, 81, 82, 86, 91, 93, 95, 96, 98, 99, 100, 101, 106, 113, 114, 118, 119, 120, 121, 122, 123, 124, 125, 126, 130, 131, 132, 134, 139, 141, 149
Inteligência emocional 73, 83

L

Liderança 56, 73, 81, 82, 83, 84, 85
Linguagem não verbal 76, 116
Linguagem verbal 75
Lista de *stakeholders* 50, 121

M

Mapa da jornada dos *stakeholders* 123
Mapa de empatia 130, 131

Mapa mental 128, 129
Matriz de avaliação do nível de engajamento
.... 35, 132
Matriz de poder e interesse 126
Matriz de probabilidade e impacto 133
Matriz RACI 34, 134, 135, 152
Métodos de engajamento 41
Modelo do processo de negócios 136
Monitorar 22, 26, 35, 64, 87, 127

N

Narrativa................................. 73, 84, 85, 86

P

Pensamento criativo............... 73, 80, 86, 149
Personas 141
Pesquisas 10, 17, 18, 87, 95, 96, 124, 130,
143, 144, 146, 147, 150
Planejamento
Plano 8, 23, 119, 150
Plano da análise de negócios 137
Plano de engajamento dos *stakeholders*... 29, 30, 39

Q

Questionário..... 111, 112, 113, 145, 146, 147

R

Registro de *stakeholders* 50, 96, 121

S

Stakeholders
Stakeholder .. 9, 18, 20, 31, 32, 35, 36, 39,
40, 42, 44, 46, 49, 50, 51, 52, 53, 54,
55, 56, 61, 62, 65, 68, 91, 105, 114,
122, 123, 124, 130, 131, 132, 149,
152, 153, 155, 156, 157
Stakeholders importantes.....................35, 51
Stakeholders influenciadores .. 52, 53, 56, 57, 59, 64
Stakeholders relevantes................32, 47, 123

T

Técnicas
Técnica..9, 57
Trabalhar de forma independente . 73, 88, 89

W

Workshops 49, 54, 125, 149

www.ingramcontent.com/pod-product-compliance
Lightning Source LLC
Chambersburg PA
CBHW070636220526
45466CB00001B/199